近代スイス・ドイツの
音楽基礎教育と歌唱活動

関口　博子

現代図書

目　次

序　本研究の課題と方法 1
　　註 4

第 1 部
18 世紀後半〜 19 世紀初頭におけるスイス・ドイツの
民衆の歌唱活動と音楽教育

第 1 章　18 世紀後半のドイツにおける子どもの歌の創始 9
　　　　　——J.A. ヒラー『子どものための歌曲集』(1769) の分析を通して——

　　第 1 節　ヒラー『子どものための歌曲集』成立の背景 11
　　　　1. 18 世紀後半に子ども達に歌わせていた歌 11
　　　　2.『子どものための歌曲集』の成立 13
　　第 2 節　ヒラー『子どものための歌曲集』の分析ならびにその特徴 14
　　　　1.『子どものための歌曲集』の理念 14
　　　　2. 楽曲分析とその特徴 15
　　　　3. 歌詞の分析とその特徴 20
　　第 3 節　ヒラー『子どものための歌曲集』の音楽教育への影響とその歴史的意義 22
　　註 23
　　資料 1 ▶『子どものための歌曲集』所収曲一覧 28

第 2 章　18 世紀後半のドイツにおける民衆啓蒙と音楽教育 31
　　　　　——J.A.P. シュルツ『民謡調の歌曲集』(1782/85/90) の分析を
　　　　　通して——

　　第 1 節　民謡と民謡調の歌 32
　　第 2 節　シュルツ『民謡調の歌曲集』の分析ならびにその特徴 33

iii

1. 楽曲分析とその特徴 33
　　　2. 歌詞の分析とその特徴 35
　第3節　民衆啓蒙と音楽教育との関わりという視点からみたシュルツの
　　　　　『民謡調の歌曲集』 37
　註 39
　資料２▶『民謡調の歌曲集』所収曲一覧 41

第3章　18世紀後半のスイスにおける民衆の歌唱活動にみる
　　　　　愛国運動の萌芽 47

　第1節　スイスにおける18世紀の民衆の歌唱活動 47
　第2節　ラヴァター／シュミットリン『スイスの歌』(1769)の特徴 48
　第3節　フランス革命とそのスイス・ドイツへの音楽的影響 50
　第4節　18世紀後半の素朴な歌唱活動にみる愛国運動の萌芽 52
　註 53

第4章　18世紀後半〜19世紀初頭の教育思想と音楽教育 55
　　　　　── 思想家・教育家達の著作の検討を通して ──

　第1節　ルソーの音楽観とそのドイツへの影響 55
　　　1. 『言語起源論』にみるルソーの音楽観 55
　　　2. ルソーにおける音楽(教育)の意味 57
　　　3. ルソーの思想のドイツへの影響 59
　第2節　ペスタロッチの音楽観・教育観とそのドイツへの影響 60
　　　1. ペスタロッチの音楽観・教育観 60
　　　2. ドイツの教育家達にみるペスタロッチの影響 62
　第3節　ネーゲリの音楽観と音楽教育観 64
　　　1. ネーゲリの直観の概念 64
　　　2. ネーゲリの音楽観 66
　　　3. ルソーとネーゲリの音楽観の相違がもたらしたもの 69
　第4節　シラーの美的教育論 70
　註 72

目次

第2部
19世紀前期～中期のスイス・ドイツにおける
学校音楽教育の改革と合唱運動

第5章　19世紀前期ドイツにおける合唱運動の興隆 77
──C. F. ツェルターの活動を中心として──

第1節　19世紀初頭までのドイツにおける音楽活動と音楽教育 78
第2節　ツェルターの合唱活動 79
　　1．ベルリン・ジングアカデミーにおける混声合唱の活動 79
　　2．リーダーターフェルにおける男声合唱の活動 80
第3節　ドイツの男声合唱運動の特徴と変遷──ツェルター、ネーゲリとの関係── 82
註 87

第6章　ネーゲリの教育改革構想 89
──ペスタロッチ主義という視点から──

第1節　ネーゲリとペスタロッチとの関係 90
　　1．ペスタロッチ主義者としてのネーゲリ 90
　　2．ネーゲリへのペスタロッチからの影響とペスタロッチ主義 91
第2節　ネーゲリの教育改革構想 93
　　1．1820年代までのスイスの教育状況 93
　　2．『教育請願書』(1831)にみるネーゲリの改革構想 94
　　3．『教育課題の概略』(1832)における改革構想 96
第3節　カントン・チューリッヒの「新教育法」の精神とネーゲリによる
　　　　ペスタロッチ主義の学校音楽教育改革 97
　　1．「新教育法」の成立とその思想的特徴 97
　　2．「新教育法」の精神とネーゲリによる学校音楽教育の改革 98
註 100

第7章　19世紀前期ドイツ語圏スイスにおける学校音楽教育の改革と合唱運動 105
──ネーゲリの思想とその活動の歴史的意義──

第1節　ネーゲリにおける学校音楽教育と合唱との関係 106
 1. ネーゲリにおける学校音楽教育の目的 106
 2. ネーゲリにおける音楽教育の全体構想とその最終目的 108

第2節　スイスの学校音楽教育改革と合唱運動へのネーゲリの貢献とそれを可能にした時代背景 110

第3節　ネーゲリの音楽教育・合唱活動の理想とその実際 111
 1. ネーゲリの音楽教育の理想とその実際 111
 2. 合唱運動の展開にみられるネーゲリの混声（女声）合唱の実践形態 112

第4節　「自立」的・「共立」的スイス民衆の形成を展望した学校音楽教育の改革と民衆芸術運動の構想と実践 113
 ──ネーゲリの音楽教育思想とその活動の歴史的意義──

註 115

第8章　19世紀中期ドイツ語圏スイスにおける学校音楽教育の改革 119
──J.R. ヴェーバーの唱歌教育改革論とその方法──

第1節　ネーゲリ後のスイスの学校音楽教育の状況とヴェーバーの『理論的実践的唱歌論』(1849) の成立 120

第2節　『理論的実践的唱歌論』にみるヴェーバーのネーゲリ評価 122
 1. ネーゲリに対する音楽史上の評価 122
 2. ネーゲリの唱歌教授の方法論に対する評価 124
 3. ネーゲリに対する批判と音楽教育観の相違 125

第3節　『理論的実践的唱歌論』第2巻：初等学校編の理念と概要 126

第4節　『理論的実践的唱歌論』第2巻：初等学校編の方法論とプファイファー/ネーゲリ『唱歌教育論』(1810) との関係 128
 1. 第2巻：初等学校編の方法論への『唱歌教育論』からの影響 128
 2. 第2巻：初等学校編の方法論と『唱歌教育論』との相違点 129

第5節　ヴェーバーの方法論にみるペスタロッチ主義の方法論の変容 131

註 132

資料 3 ▶ ヴェーバー『理論的実践的唱歌論』第 1 巻：理論編の内容構成............................ 134
資料 4 ▶『理論的実践的唱歌論』第 2 巻：初等学校編の全体構成と概要.......................... 135

第 3 部
ペスタロッチ主義のジャック＝ダルクローズへの影響

第 9 章　リトミックの理念：リズムの根本思想... 139
——ペスタロッチ主義からの影響を視野に入れて——

第 1 節　リトミックの意味とリズム論の変遷 140
　1.　古代ギリシャ時代のリトミックとリズム 140
　2.　ネーゲリのリズム論 141
第 2 節　ジャック＝ダルクローズのリズムの根本思想 143
　1.　ジャック＝ダルクローズのリズムの根本思想とネーゲリからの影響 143
　2.　ペスタロッチにおける労働と音楽との関わり 144
　3.　ジャック＝ダルクローズのリズム教育論 146
　4.　リトミックの理念 147
註 149

第 10 章　ペスタロッチ主義の歌唱教本とダルクローズ・ソルフェージュ 151

第 1 節　ダルクローズ・メソッドの体系とペスタロッチ主義音楽教育 151
第 2 節　音程・音階の導入とその練習方法 153
　1.　『唱歌教育論』... 153
　2.　『手引き』... 155
　3.　『ダルクローズ・ソルフェージュ』... 156
第 3 節　音程・音階の導入とその練習方法にみる『ダルクローズ・ソルフェージュ』と
　　　　ペスタロッチ主義の教本との共通点（類似点）と相違点 157
　1.　共通点（類似点）... 157
　2.　相違点 159
第 4 節　ダルクローズ・ソルフェージュの理念とペスタロッチ主義音楽教育の理念 .. 163
第 5 節　ペスタロッチ主義の教本とダルクローズ・ソルフェージュの「教材性」.......... 165

1. ペスタロッチ主義の教本の「教材性」.. 165
　　2. 『ダルクローズ・ソルフェージ』の「教材性」.. 167
　　3. ペスタロッチ主義の歌唱教本と『ダルクローズ・ソルフェージ』との関係... 168
　註 169

おわりに 171
索引 175

【図表目次】
譜例 1-1 ▶ 18世紀後半〜19世紀初頭に歌われていたコラール 12
譜例 1-2 ▶ ヒラー『子どものための歌曲集』(1769)より 19
譜例 8-1 ▶ ヴェーバーの音域拡張の方法 128
譜例 8-2 ▶『唱歌教育論』におけるテトラコードと音階の導入 129
譜例 8-3 ▶『理論的実践的唱歌論』第2巻：初等学校編　§4. の練習課題 130
譜例 10-1 ▶ 154
譜例 10-2 ▶ 154
譜例 10-3 ▶ 155
譜例 10-4 ▶ 156
譜例 10-5 ▶ 157
譜例 10-6 ▶ 157

図 1-1 ▶ ヒラー『子どものための歌曲集』(1769)タイトルページ 15
図 10-1 ▶ ペスタロッチ主義の歌唱教本と
　　　　『ダルクローズ・ソルフェージ』の「教材性」の関係 168

表 1-1-1 ▶ 拍子と小節数との関係 16
表 1-1-2 ▶ 小節数の合計 17
表 1-2 ▶ 調性（基本とする調）.. 17
表 1-3 ▶ 小節構造 17
表 1-4 ▶ 音域 18
表 1-5 ▶ 歌詞の節数 20
表 1-6 ▶ 歌詞のテーマ 20
表 2-1-1 ▶ 拍子と小節数との関係 34

目　次

表 2-1-2▶小節数の合計 34
表 2-2▶小節構造 34
表 2-3▶調性(基本とする調) 34
表 2-4▶楽曲の形態と歌詞の節数(有節歌曲の場合) 35
表 2-5▶音域 35
表 2-6▶作詞者 36
表 2-7▶歌詞のテーマ 36
表 5-1▶ツェルターのリーダーターフェルの主な演奏レパートリー 81
表 5-2▶19世紀前期ドイツにおける主な男声合唱団の演奏レパートリー 85
表 10-1▶ダルクローズ・メソッドとペスタロッチ主義音楽教育との関係 152

資料 1▶『子どものための歌曲集』所収曲一覧 28
資料 2▶『民謡調の歌曲集』所収曲一覧 41
資料 3▶ヴェーバー『理論的実践的唱歌論』第1巻：理論編の内容構成 134
資料 4▶『理論的実践的唱歌論』第2巻：初等学校編の全体構成と概要 135

ix

序　本研究の課題と方法

　18世紀後半から19世紀後半へと至る約100年間のスイスならびにドイツでは、学校音楽教育は教会の支配下から独立してペスタロッチ主義による改革を経て教科としての音楽科教育を確立させ、そして社会においては地域での民衆の素朴な歌唱活動が大規模な合唱運動へと発展していった、まさに近代の萌芽期から確立期へと移行した時代の転換期にあったと言える。学校音楽教育の近代化と社会における人々の音楽活動とがどのような関係にあったのか、歴史的な視点から考察するというのは筆者のライフワークであり、研究の長いスパンでの全体構想である。

　本書では、上のような研究の全体構想に基づき、以下のように大きく3つの時代と内容に分けて論を構成する。すなわち、まず第一が、近代萌芽期である18世紀後半における民衆の歌唱活動と音楽教育、第二が近代成立期である19世紀前期～中期にかけての学校音楽教育の改革と合唱運動の興隆、そして第三が近代末期である20世紀初頭のジャック＝ダルクローズ（Emile Jaques-Dalcroze, 1865-1950）の、特にソルフェージュへのペスタロッチ主義の音楽基礎教育からの影響である。

　以上の3つの時代の音楽教育と歌唱活動を視点とするため、本論を3部構成とする。

　第1部では、まずは18世紀後半におけるスイス・ドイツの民衆の歌唱活動と音楽教育に焦点を当て、それらのどのような点が19世紀における学校音楽教育の近代化と合唱運動の発展を準備したのか、明らかにする。具体的に第1章では、18世紀後半にドイツで出版された子どものための最初期の歌であるヒラー（Johann Adam Hiller, 1728-1804）の『子どものための歌曲集』（Lieder für Kinder, 1769）に焦点を当て、この歌曲集所収の歌を一曲ずつ歌詞と楽曲構成について分析を行い、その歴史的意義についても考察する。そして、この曲集のどのような点が19世紀の学校音楽教育の改革に重要な契機を与えたの

か、明らかにする。第 2 章では、18 世紀後半のドイツにおいて民衆に広く歌われたシュルツ（Johann Abraham Peter Schulz, 1747-1800）の『民謡調の歌曲集』（Lieder im Volkston, 1782/85/90）に焦点を当てて分析を行い、その特徴と後世への影響、歴史的意義について考察する。この曲集が民衆に広まったことで、それがいかにして民衆を音楽的に啓蒙し、19 世紀に興隆する合唱運動の音楽的土壌になったのか、その経緯を明らかにする。第 3 章では、同時期のドイツ語圏スイスに目を向け、当時のチューリッヒ近郊で広く歌われ、ペスタロッチ（Johann Heinrich Pestalozzi, 1746-1827）も気に入っていたというラヴァター（Johann Kasper Lavater）/ シュミットリン（Johannes Schmidlin, 1722-1772）の『スイスの歌』（Die Schweizerlieder, 1769）に着目して、その内容（歌詞および楽曲）の分析を行い、時代背景も視野に入れながら、18 世紀の素朴な民衆の歌唱活動にみられる 19 世紀の愛国的な合唱運動へとつながる萌芽を探る。第 4 章では、18 世紀後半から 19 世紀初頭の教育思想、音楽教育観を、ルソー（Jean-Jacques Rousseau, 1712-1778）、ペスタロッチ、ネーゲリ（Hans Georg Nägeli, 1773-1836）、シラー（Johann Christoph Friedrich von Schiller, 1759-1805）らの著書の検討を通してたどり、近代スイス・ドイツの音楽教育と歌唱活動の思想的基盤を探る。

　第 2 部では、19 世紀前期～中期にかけての学校音楽教育の改革と合唱運動の興隆に焦点を当て、両者の関係性を視野に入れつつ考察する。まず第 5 章では、19 世紀前期ドイツ語圏における合唱運動の興隆に焦点を当てる。19 世紀前期のドイツ語圏では、北ドイツのツェルター（Carl Friedrich Zelter, 1758-1832）とスイスのネーゲリという 2 人の合唱指導者による活動を契機として、合唱運動が興隆していた。本章では、ツェルターの活動を中心的にみつつ、両者の活動を比較することを通して、当代ドイツ語圏の合唱運動の特徴を明らかにする。具体的には、北ドイツと南ドイツおよびスイスの合唱運動は、どのような性質を持つ運動として出発し、それが次第にどのように変化していったのか、両者の性質の変遷を明らかにし、愛国運動との関係についても視野に入れる。第 6 章では、1830 年代のカントン[1]・チューリッヒ（スイス）の教育改革の推進者の一人であるペスタロッチ主義の音楽教育家、ネー

ゲリの教育改革構想を、同地で1832年に制定された「新教育法」との関係を視野に入れつつ考察する。第7章では、19世紀前期ドイツ語圏スイスにおける学校音楽教育の改革と合唱運動との関係について、ネーゲリの思想にみられる両者の関係、彼の実践における両者の関係を当時の時代背景を踏まえて考察し、その理想と実際、歴史的意義について明らかにする。そして第8章では、ネーゲリ後のスイスの学校音楽教育を改革したとされ、ネーゲリの後継者とも目されているヴェーバー（Johann Rudorf Weber, 1819-1875）の唱歌教育改革論とその方法について、彼の主著である『理論的実践的唱歌論』（Theoretisch-praktische Gesanglehre, 1849）の第1巻：理論編と第2巻：実践編（初等学校編）を、ペスタロッチ主義音楽教育を代表する理論書であるプファイファー（Michael Traugott Pfeiffer, 1771-1849）／ネーゲリ『ペスタロッチの原理による唱歌教育論』（Gesangbildungslehre nach Pestalozzischen Grundsätzen, 1810）──以下、『唱歌教育論』と略称──との比較検討を通して考察する。そして、スイスの学校音楽教育にペスタロッチ主義の影響がどのようにみられ、変遷していったのか明らかにする。

　第3部では、ペスタロッチ主義の音楽基礎教育のジャック＝ダルクローズへの影響に焦点を当てる。まず第9章では、ジャック＝ダルクローズのリズム論へのペスタロッチ主義の影響について、特にペスタロッチ、ネーゲリの理念からの影響を、リズムの根本思想という視点から考察する。具体的には、ジャック＝ダルクローズの訳書『定本オリジナル版 リズム・音楽・教育』（2009）を基本文献として検討を進める。第10章では、スイスで成立したペスタロッチ主義音楽教育と、同じスイスのダルクローズ・ソルフェージュについて、特にペスタロッチ主義による音楽基礎教育の方法のうち、音程と音階の導入の方法が、同じスイスのダルクローズ・ソルフェージュの方法にどのような影響を及ぼしたのか、『唱歌教育論』と『ダルクローズ・ソルフェージュ』について、音程・音階の導入とその練習方法を具体的に比較することにより、両者の共通点（類似点）・相違点を明らかにする。加えて「教材性」という視点から、ペスタロッチ主義の歌唱教本とダルクローズ・ソルフェージュが、より理論に近いのか、教材に近いのか分析し、両者の特徴を明らかにする。

以上のことを通して、近代スイス・ドイツの学校音楽教育や音楽基礎教育と、社会における民衆の歌唱活動や合唱運動について広い視野から構造的にとらえたい。

　なお、本研究に関連する先行研究に関してだが、ペスタロッチ主義音楽教育については、国内では河口道朗著『近代音楽教育論成立史研究』（音楽之友社、1996 年）が唯一、学術的価値が高い先行研究として認められるくらいである。18 世紀のドイツ語圏における民衆の歌唱活動についての研究は、ドイツ文学者の阪井葉子が民衆啓蒙の視点から民謡を、19 世紀の合唱運動については、歴史学者の松本彰による先行諸論文が、それを愛国運動との関連性から論じている[2]が、いずれも音楽学や音楽教育学の視点からの論文ではない。一方、ドイツ語圏では 20 世紀に入った頃より、ペスタロッチ主義音楽教育に関して多くの研究成果が発表され、合唱運動についても、ブルスニアク (F. Brusniak) による先行諸論文[3]など、貴重な研究成果は多い。だが、学校音楽教育と社会における音楽活動との双方に視点を持つ先行研究はほとんどなく、その意味で本研究は、今までにない新しい視点を持つ研究と言える。

　また、本研究で取り上げる歌唱教本や歌・合唱曲等については、これまでほとんど詳細に分析されたことのないものであり、そうした埋もれている貴重な資料にスポットを当てるだけでも、音楽教育史の発展にとって意義があると思われる。さらに、本研究により近代スイス・ドイツの学校音楽教育（音楽基礎教育）と社会における歌唱活動の一端が明らかになることにより、歴史的意義だけでなく、今日における学校の音楽教育と社会における音楽活動との関係についても考える一つの指針を与えることができるとも思われるのである。

註

1) カントンは、現在ではスイスの州のことをさす。しかし、ヘルヴェティア共和国（Die Helvetische Republik）の一時期（1798-1803）を除き、1848 年の連邦国家成立以前のスイスは、群小の主権国家の連合体に近いものであった。よって、1848 年以前のスイスは、カントン＝国家として機能していたとみなしてよいであろう。　参照：イム・ホーフ、U./ 森田安一訳『スイスの歴史』刀水書房、1997 年、248-249 頁。

2) 本研究に関連した両者の先行研究は、以下のものをはじめ、複数ある。
   阪井葉子「民衆啓蒙のなかの民謡——ベッカー『ミルトハイム歌謡集』の位置づけ——」(以下、この文献は「民衆啓蒙のなかの民謡」と略称)『独文学報』(大阪大学ドイツ文学会) 第23号、2007年、5-27頁。
   松本彰「一九世紀ドイツにおける男声合唱運動 ドイツ合唱同盟成立(一八六二年)の過程を中心に」姫丘とし子・長谷川まゆ帆・河村貞枝・松本彰・中里見博・砂山充子・菊川麻里『近代ヨーロッパの探究⑪ ジェンダー』ミネルヴァ書房、2008年、111-161頁。
3) ブルスニアクは、新 MGG の「合唱」の項目の執筆者でもある。その項目の最後に彼による多数の 19 世紀の合唱関連の先行研究が参考文献として挙げられている。

付記：本書は、平成 28 年度京都女子大学出版助成 (経費の一部助成) を受けて出版されたものである。

第1部

18世紀後半〜19世紀初頭における スイス・ドイツの民衆の 歌唱活動と音楽教育

第1章

18世紀後半のドイツにおける子どもの歌の創始

── J.A. ヒラー『子どものための歌曲集』(1769) の分析を通して──

　18世紀後半のドイツには啓蒙思想が広がり、民衆達は、教会で歌うコラールとは別に、単純な親しみやすい旋律でできた民謡などを好んで歌うようになり、さらに著名な作曲家達も、民衆啓蒙を目的として民謡に似た旋律を持つ民謡調の歌（volkstümliches Lied）を多く作るようになった。そして民謡運動の広がりに伴い、この頃には、民謡のような単純で親しみやすい短い旋律を持つ世俗的な子どもの歌も、著名な作曲家によって作られるようになってきた。

　"Volkslied（民謡）"という語は、ヘルダー（Johann Gottfried von Herder, 1744-1803）が1772年刊の『オシアンおよびいにしえの諸民族の歌についての往復書簡よりの抜粋』（Auszug aus einem Briefwechsel über Ossian und die Lieder alter Völker）において初めて用いた彼の造語であり、それ以前のドイツには民謡という概念はなかった[1]。もちろん、実際に民衆の間で口承により伝えられてきた歌は存在していたし、わらべうたも、子どもの遊びとともに古来より存在していたことは、後世に多くのわらべうたが収集されたことからも明らかである。それらの伝承的なわらべうたは、子ども達の間で口承によって伝えられたものであり、作詞者・作曲者は特定されておらず、いつ頃作られたものであるのかも不明なものがほとんどである。また、収集された『わらべうた集』などは、その多くが歌詞集であり、実際にどのような旋律・リズムで歌われていたものなのか明らかになっていないものも少なくない。このことから、わらべうたのよ

うな伝承的な子どもの歌に関する先行研究は、歌詞の分析と民謡運動との関わりに焦点を当てて論じているものが多い[2]。

　本書では、著名な作曲家による子どものために教育的意図を持って作られた歌を子どもの歌と定義する。伝承的なわらべうたは、子どもの心情には合致しているものの、子どもが歌いながら伝えてきたものであるため、そこには教育的意図はみられない。一方、この当時著名な作曲家によって作られた子どもの歌は、民謡のような親しみやすい旋律を意識して作られてはいるが、ただ子どもに親しみやすいというだけでなく、そこには何らかの教育的意図もみられる。それが、伝承的なわらべうたと著名な作曲家による子どもの歌との大きな相違である。19世紀以降、学校教育に世俗的な歌が採用されるにあたって、導入されたのが伝承的なわらべうたではなく、著名な作曲家による子どもの歌だったのは、その教育的意図によるところが大きいと言えよう。なお、子どもの歌には、子ども自身が歌う歌と、子どもに歌って聴かせる歌と両方を含める。子どもの歌が備えるべき要素としては、単純で短く親しみやすい旋律であること、歌詞がわかりやすいことのほか、教育的観点からふさわしいものであるのかどうかという点が、学校教育へ世俗的な子どもの歌が導入されている観点として重要になってくるであろう。

　著名な作曲家が作り、かつ現存する最初期の代表的な子どもの歌としては、1769年に出版されたヒラーの『子どものための歌曲集』が挙げられる[3]。ヒラーは、18世紀後半のドイツで活躍した作曲家であり、その歌曲集やジングシュピール（Singspiel）については、音楽史の視点から取り上げられた先行研究が少なからず存在する。しかし、『子どものための歌曲集』に焦点を当てた研究は皆無である[4]。ヒラーの『子どものための歌曲集』が出されたのは、ヘルダーの民謡論が出る直前で民謡運動が盛んになりつつあった時代であり、当時の一連の民謡運動、民衆啓蒙の流れのなかで生まれたものと言える。ヒラーの『子どものための歌曲集』が出された後、ライヒャルト（Johann Friedrich Reichardt, 1752-1814）の同名の歌曲集（1781-1890）[5]が出版されたり、民謡調の歌曲集として広く民衆に親しまれたシュルツの『民謡調の歌曲集』[6]のなかにも子ども向けの歌がたくさん含まれるなど、ヒラーのこの歌曲集が、子どものための歌が18世

第1章 18世紀後半のドイツにおける子どもの歌の創始

紀後半に次々に作られるようになる契機を与えたと言える。そのことからヒラーは、しばしば「子どもの歌の父」(Kinderliedervater) と呼ばれ、後に発展していくことになる子どもの歌というジャンルを作った最初の人物（der erste）とみなされている[7]。

本章では、この歌曲集についてその楽曲や歌詞等を詳細に分析してその特徴を明らかにし、さらに、18世紀後半のドイツ、特にヒラーが活躍したザクセン地域の時代背景との関係を踏まえつつ、この歌曲集を端緒とする18世紀後半のドイツの子どもの歌の音楽教育史的意義について、19世紀初頭までを視野に入れて考察したい。

第1節　ヒラー『子どものための歌曲集』成立の背景

1. 18世紀後半に子ども達に歌わせていた歌

教育史のなかで「子どもの発見」をしたと言われているのは、ルソーである。彼は『エミール』(Emile ou de l'éducation, 1762) のなかで、「子どもを子どもとして考えなければならない」[8]として、子どもを大人の尺度で測らず、子どもは子どもとしてその発育に応じて体や感覚や知性を訓練させるように指示している。ルソーの「発育に応じて教育する」という考え方は、今日へとつながる新しい子どものとらえ方を初めて示したものであり、その点がきわめて重要だと言える。

ルソーのこのような、子どもを「発育に応じて教育する」という考え方が出てくる以前は、大人が歌う歌と同じ歌を子どもにも歌わせていた。具体的に言えば、教会で歌うコラールのような神に感謝を捧げる歌を学校で子ども達に歌わせていたのである。そのことは、1794年に公布された『農村学校と下級都市学校の教師に対する指令』(Anweisung für die Schullehrer in den Land- und niederen Stadtschulen) において、「授業は唱歌と祈りで始まる。終わりも同様である」[9]と規定されていることや、ドイツのみならずスイスでも学校令（Schulordnung）のなかで、唱歌教育は「道徳的・宗教的な歌の暗記」(Auswendigkönnen von sittlich-relogiösen Liedern) [10]がその目的とされていたことなどから明らかである。

18世紀後半〜19世紀初頭におけるスイス・ドイツの民衆の歌唱活動と音楽教育

　当時のコラールの一例が、以下の**譜例 1-1** である。なおこの楽譜は、ディスカントのパート譜で、実際にはディスカント、アルト、テノール、バスと4声体で書かれており、正式には4声で歌われたものである。大譜表ではなく、パート譜で書かれ、それぞれがパート譜を見て自分のパートを歌うというのが当時のコラールとしては一般的であった。それは、この時代に出版されたコラール集はその多くがパート譜で書かれたものであり、総譜というのはあまり見かけないことから明らかである。ここでは、旋律を担当したディスカントのみ取り上げる[11]。

　このようなコラールは、以下のような理由から、年少の子どもの身体的・精神的な発達段階には合っていないと言える。つまり、まず第一に歌詞の内容が宗教的なものなので年少の子どもには難しすぎるということ、第二には、かなりゆっくり歌われるので呼吸器の発達していない小さな子どもではとても息が続かないということなどである。もちろん、16世紀以来コラールは、「神に感謝をささげる歌」であるばかりでなく、前述の学校令で唱歌教育の目的が「道徳的・宗教的な歌の暗記」とされていることからも明らかなように道徳的な教育も目的としており、歌詞の内容がある程度理解でき、呼吸器も発達してきた年齢の子ども達には、教育目的に合致する面もあるであろう。ただ、これらの歌

譜例 1-1 ▶ 18世紀後半〜19世紀初頭に歌われていたコラール
出典：Nägeli[hrsg.], *Schulgesangbuch,* Zürich: bey Hans Georg Nägeli, 1833, S.154.

18世紀後半のドイツにおける子どもの歌の創始

を当時の学校で子ども達に歌わせていた状況が悲惨であったことは、19世紀初頭にプロイセンの教育改革を主導したナトルプ（Bernhard Christoph Ludwig Natorp, 1774-1846）[12]が、改革以前の学校における唱歌教育を振り返って以下のように述べていることから明らかである。

> 都市でも農村でも、たいていの民衆学校（Volksschule）[13]において歌は、…（中略）…ほとんど授業の始めと終わりの合図としてしか使われなかった。旋律を機械的に覚え込ませ、最初から最後までずっと通して歌わせるだけであった。生徒達は、地域の公式礼拝で歌うのに必要なコラールを不充分ながら習っていたので、いくつかのコラールの旋律を完全に忘れ去らずには済んだ。[14]

もちろんこの発言は、ナトルプが自らの唱歌教育の改革の成果を誇示するためにそれ以前に行われていた唱歌教育の悲惨さを誇張した面も否定できず、その点は差し引いて考えなければならないが、それにしても、学校で一応、歌を教えてはいたが、ほとんど、公式礼拝で歌うのに必要なコラールを機械的に覚え込ませて通して歌わせるだけだったというのである。

2. 『子どものための歌曲集』の成立

このような時代背景のもと、18世紀後半以降、啓蒙思想がドイツに広まり、ルソーに代表される子どもの発達段階に応じた教育という考え方をベースとして、コラールを歌わせるだけという形骸化した音楽教育を打開するために、先述の通り、ヒラー、ライヒャルト、シュルツなど、当時の著名な作曲家達が子どものための歌を作るようになった。そのなかで最も早期に出版されたのが、ヒラーの『子どものための歌曲集』である。彼自身は、『子どものための歌曲集』を作曲した理由については何ら言及していないが、周知の通り、ヒラーはルソーを信奉しており、ルソーの教育思想がヒラーに子どもの歌を作る大きな契機を与えたことは、先行研究でも指摘されている通りである[15]。ヒラーの『子どものための歌曲集』は1769年発行であり、1762年にルソーの『エミール』の初版

が刊行されて間もないこの時期に、他の作曲家に先駆けていち早く『子どものための歌曲集』をヒラーが発表したところにも、ルソーからの少なからぬ影響がうかがえるであろう。そしてもう一つ、彼が『子どものための歌曲集』を作曲した理由として考えられるのが、1754-1758年までの4年間、ドレスデンのハインリッヒ・フォン・ブリュール（Heinrich von Brühl）伯爵家で家庭教師をしていた経験である[16]。子どもに音楽を教えるという家庭教師の経験が、ヒラーに子どものための歌曲集を作らせる大きな個人的経験になったことは容易に推察される。

第2節　ヒラー『子どものための歌曲集』の分析ならびにその特徴

1.『子どものための歌曲集』の理念

　1769年にライプツィヒで出版された同曲集には、71曲の子どものための歌が収められている。まず、その表紙絵が次頁の図1-1である。この表紙絵については、ヒラー自身何ら言及しておらず、また先行研究においてもこの歌曲集の表紙絵の意味について解釈したものは見当たらないため、推測の域を出ないが、それでも特に左側の絵からは、この歌曲集が意図しているもの、特徴がうかがえるであろう。

　左側の絵には、手に歌集を持ち、歌を歌いながら子どもを寝かしつける母親の姿が描かれている。寝かされている子どもは、年齢的には乳幼児に相当すると思われる。このことは、ヒラーの『子どものための歌曲集』が、子どもが歌うための歌だけでなく、母親が子どもに歌って聴かせる歌も含まれていることを示していると言えよう[17]。ただヒラーは、この歌曲集が何歳程度の子どもを対象としたものであるのかについては何ら言及していない。フレーベル（Friedrich Wilhelm August Fröbel, 1782-1852）はおろか、ペスタロッチよりも前の時代であり、ヒラー自身、この曲集を大きなくくりで「子どものための」という認識では作成したものの、乳幼児を対象としたものなのか、あるいはもう少し大きな子どもを対象としたものなのか、その辺のところは曖昧だったのではないかと思われる。しかし、特に最初のほうには短くて簡単な歌が多く、表紙絵に描かれ

第1章　18世紀後半のドイツにおける子どもの歌の創始

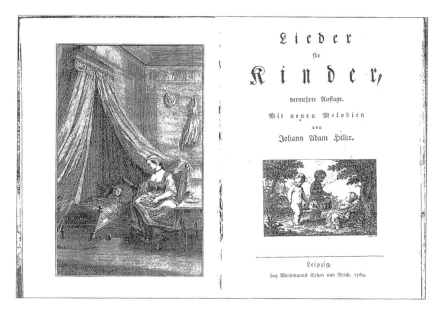

図1-1▶ヒラー『子どものための歌曲集』(1769) タイトルページ
出典：Hiller, *Lieder für Kinder*, Leipzig: bey Weidmanns Erben und Reich, 1769.

ている子どもの推定年齢からも、この曲集には乳幼児を対象とした曲も含まれると思われる。この表紙絵の母親の服装、背景などは、かなり裕福な家庭での様子であることをうかがわせる。つまりこの歌曲集は、もともとは、楽譜が読めるような富裕層の教養ある母親を対象に書かれた家庭教育のためのものであったことを裏づけていると言えるであろう[18]。ヒラーは、『子どものための歌曲集』について、「現代[ヒラー時代 —— 引用者]の歌には、より規模の大きな形で作曲されたものがみられる。それをより小さな形でもたらすことが、私には求められた。…(中略)…私は、大袈裟で作為的なものより、単純で自然な歌いやすさを優先させた」[19]と述べ、単純で自然な歌いやすい歌を作曲したとしている。

2. 楽曲分析とその特徴

　この曲集に所収の歌について筆者は、1曲ずつその歌詞と楽曲について詳細

な分析を行った（具体的な分析結果については、本章の最後に掲載の**資料1**を参照）。具体的な楽曲と歌詞の分析を行うことにより、この曲集の全体的な特徴を明らかにできたものと思われる。なお、18世紀後半の子どものための歌のような単純な歌では、複雑なリズムが使われているものは少なく、また和声に関しても簡単な借用和音がある程度で析出すべき材料は少ないため、『子どものための歌曲集』の楽曲構成については、拍子と調性、曲の長さ、小節構造、音域について全体的な傾向を明らかにするにとどめ、リズムや和声は分析の対象から除外した。また、ヒラーが『子どものための歌曲集』を民謡のような単純で自然な歌いやすさを意識して作曲していたとはいえ、彼は古典派の作曲家の一人であり、その音楽構造は、民族的な音階（旋法）ではなく、明らかに古典音楽に基づいているため、本章での分析は、西洋の古典音楽（クラシック）の観点からの分析とした。

まず、この歌曲集に載っている歌はすべて、ドイツ語の歌詞を持つ有節歌曲である。そして曲の長さは、ほとんどが半頁か1頁に収まる程度である。具体的には、過半数の曲が11〜20小節の範囲内に収まっており、30小節を超える曲は2曲しかない（**表1-1-2**参照）など、きわめて短い曲が多くなっている。また、拍子が曲の途中で変わるものは1曲もなく、4分の2拍子のものが30曲、8分の3拍子のものが19曲、4分の3拍子が13曲、と、この3つの拍子だけで全体の85%を超えている（**表1-1-1**参照）。調性に関しては、全73旋律[20]中

表1-1-1 ▶拍子と小節数との関係

拍子	2/4				3/4				4/4			
曲数	30				13				5			
%	41.0				18.5				6.8			
小節数	〜10	〜20	〜30	31〜	〜10	〜20	〜30	31〜	〜10	〜20	〜30	31〜
曲数	7	15	7	1	2	6	4	1	0	4	1	0
拍子	3/8				6/8				2/2			
曲数	19				5				1			
%	26.0				6.8				1.4			
小節数	〜10	〜20	〜30	31〜	〜10	〜20	〜30	31〜	〜10	〜20	〜30	31〜
曲数	0	13	6	0	4	1	0	0	0	1	0	0

18世紀後半のドイツにおける子どもの歌の創始

表 1-1-2 ▶小節数の合計

小節数	〜10	〜20	〜30	31〜
曲数	13	40	18	2
%	17.8	54.8	24.7	2.7

*節によって旋律の異なる歌が2曲あるため、**表1-1-1**と**表1-1-2**では、曲数の合計が73曲になっている。

　63の旋律が基本となる調が長調であり、全体の約86.3％を占めている（**表1-2**参照）[21]。しかも長調は B-dur が最も多く、ついで G-dur、F-dur とこの3つの調だけで全体の過半数を占めている。途中で転調している曲も少なからずあるが、いずれも数小節、近親調に転調しただけですぐ元の調に戻っており、調号が変わるような大きな転調の曲はない。小節構造についても、4小節、8小節など、音楽の基本とも言える偶数小節を組み合わせたものが圧倒的に多く、全体の80％を超えている（**表1-3**参照）。

表 1-2 ▶調性（基本とする調）

長・短	Dur							moll			
曲数	63							10			
%	86.3							13.7			
調性	C	F	G	B	D	Es	A	E	a	c	g	e	f
曲数	8	11	12	15	1	6	8	2	2	2	4	1	1

表 1-3 ▶小節構造

組み合わせの仕方	曲数	%
偶数の組み合わせ	60	82.2
奇数の組み合わせ	6	8.2
両者の混在	7	9.6

　以上の分析から、『子どものための歌曲集』所収の歌は短い曲ばかりであり、拍子もほとんどが単純拍子で長調が多く、小節構造も偶数小節の組み合わせが多いなど、全体的にみれば単純な楽曲構成になっていると言える。

　ただ、音域については、今日的感覚からすると易しく歌いやすいと言えるのか、疑問に残る結果が出ている。次頁の**表1-4**の通り、最低音は、d^1, e^1, g^1 が

18 世紀後半〜 19 世紀初頭におけるスイス・ドイツの民衆の歌唱活動と音楽教育

表 1-4 ▶音域

最低音		最高音		音域差		
音名	曲数	音名	曲数	度数	曲数	%
c^1	2	d^2	1	6	2	2.7
d^1	13	es^2	2	7	10	13.7
dis^1	1	e^2	5	8	16	21.9
es^1	8	f^2	19	9	20	27.4
e^1	13	fis^2	6	10	10	13.7
f^1	11	g^2	30	11	12	16.4
fis^1	9	as^2	5	12	3	4.1
g^1	13	a^2	5			
a^1	2					
h^1	1					

それぞれ 13 曲ずつで最も多く、d^1 から g^1 までの幹音が最低音である曲が全 73 旋律中 50 旋律、全体の約 68.5% を占めている。その他、fis^1 が 9 曲、es^1 が 8 曲と d^1-g^1 間の派生音（♯と♭の音）と続き、d^1-g^1 間が最低音である曲が、実に 68 曲、全体の 93.1% にものぼっていることが明らかになった。その一方で、c^1 より低い音は全く使われていない。最高音については、g^2 が 30 曲と最も多く、次いで f^2 が 19 曲となり、この 2 音が最高音の曲が 49 曲、全体の約 67.1% になっている。今日的な感覚からすると、全体的に音域が高いように感じられるが、18 世紀後半から 19 世紀初頭にかけての子どもの歌はみな似たような音域となっており、この曲集が特別高いというわけではない[22]。音域差については、最も多いのが 9 度で 20 曲あり、ついで 8 度、つまりオクターヴのものが 16 曲となっている。オクターヴ以内に収まっている曲は 28 曲で全体の 38.3% にすぎず、むしろ 9 度が最も多いことからもわかる通り、オクターヴを超す音域差のある曲が 61.6% と過半数を占めていることが明らかになった[23]。

なお次頁の**譜例 1-2** は、本曲集の第 1 曲目《2 人の子ども達への手紙》（Zuschrift an ein paar Kinder）である。この曲を、前掲の**譜例 1-1** と比較すればその違いは明らかである。もちろん、**譜例 1-1** のコラール 1 曲のみとヒラーの『子どものための歌曲集』の 1 曲だけを比較して両者の全体としての特徴の相違

第1章 18世紀後半のドイツにおける子どもの歌の創始

をすべて明らかにできるわけではない。しかし、当時のコラール集に掲載のコラールは、**譜例1-1**のようにリズムは2分音符と全音符のみで構成され、小節線は1段で1小節となっており、拍子記号もなく1小節内の音価が揃っていないなど、同じような特徴を有しているものが多い。それに対してヒラーの『子どものための歌曲集』は、**表1-1**からも明らかなように2/4、3/4、4/4、3/8、6/8など、今日よく使われる1小節内の音価の小さい拍子が多く使われ、拍節感があり、8分音符や16分音符、付点音符など細かい音符が多く使われていてリズムに動きがある曲ばかりである。旋律に関しては、コラールも『子どものための歌曲集』も順次進行が多いのは同じであるが、コラールでは4度以上の跳躍進行を含む曲がほとんどないのに対して、『子どものための歌曲集』では、各曲にそれぞれ5度や6度の跳躍をする個所が2、3か所あり、旋律もコラールに比べて動きが大きいと言える。

譜例1-2 ▶ヒラー『子どものための歌曲集』(1769) より
第1曲目《2人の子ども達への手紙》(出典:Hiller, a.a.O., S.2.)

3. 歌詞の分析とその特徴

　楽曲が短いだけではなく、歌詞の節数も少ないものが多いという特徴もある。最も多いのが2節のもので25曲、全体の約35.2％と3分の1強にあたり、ついで3節と4節のものがともに16曲、約22.5％で、2節から4節までの曲が全71曲中57曲、全体の約8割を占めている（**表 1-5** 参照）。具体的な歌詞についても筆者は、全71曲についてどのような内容のことが歌われているのか検討し、各曲の歌詞のテーマについて分類を試みた（**表 1-6** 参照）。

表 1-5 ▶歌詞の節数

節数	2	3	4	5	6	9	10	1+1	2+2
曲数	25	16	16	6	4	1	1	1	1
％	35.2	22.5	22.5	8.5	5.6	1.4	1.4	1.4	1.4

表 1-6 ▶歌詞のテーマ

メインテーマ	教訓	自然	家族愛	人間	動物	幸運	喜び	悲しみ	その他	
曲数	26	16	7	6	3	3	1	1	8	
％	36.6	22.5	9.8	8.5	4.2	4.2	1.4	1.4	11.3	
サブテーマ	教訓	自然	家族愛	人間	動物	幸運	喜び	悲しみ	その他	なし
曲数	9	6	0	6	5	1	1	1	6	36
％	12.7	8.5	0	8.5	7	1.4	1.4	1.4	8.5	50.7
合計	教訓	自然	家族愛	人間	動物	幸運	喜び	悲しみ	その他	
曲数	35	22	7	12	8	4	2	2	14	
％	49.3	31	9.8	17	11.2	5.6	2.8	2.8	19.8	

＊合計欄のパーセンテージは、メインテーマとサブテーマを足した合計によるものであるため、100％にはならない。

　歌詞は、すべてヴァイセ（Christian Felix Weiße, 1726-1804）によるものとされているが[24]、この表からわかる通り、メインテーマだけをとっても全71曲中26曲と全体の約37％、サブテーマまで含めると35曲、つまり全体の約半数の曲が、教訓的な歌詞を持つ曲である。例えば、《決意》（Der Voratz）という歌の歌詞は、次のような内容である。

第 1 章　18 世紀後半のドイツにおける子どもの歌の創始

Weil ich jung bin, soll mein Fleiß eifrig sich bestreben,
私は若いので、勤勉に熱心に努めなければならない。
Daß ich mög einst, als ein Greis, recht zufrieden leben.
そうすれば私は、いつか年老いたとき満ち足りて生きられるであろう。
Zwar will ich mich jugendlich meiner Tage freuen;
確かに私は、若き日々を楽しみたい。
Doch nicht also, daß es mich darf im Alter reuen.[25]
だが私は、年老いて後悔することはしないのである。

　若いうちに勤勉に努力すれば年老いてから満ち足りて生きられるが、若いうちに楽しんでしまうと年老いてから後悔するぞ、という人生の教訓を歌にしたものであるが、ここまでストレートに教訓的な内容でなくても、自然現象や動物の習性、子ども達の日常などを歌いながら、そこから得られる教訓を歌にしているものは多くある。教訓的な歌詞の次に多いのが、自然を歌ったものである。メインテーマだけで 16 曲、サブテーマも含めると 22 曲ということで、全体の 30％強の歌が自然に関することを歌ったものである。この自然の歌は、純粋に自然の素晴らしさや自然現象を歌ったものと、自然を例にとって教訓的な内容を歌ったものとに分けられる。他にも、人間や動物がテーマになっているものも、純粋に人間や動物を歌っているのではなく、それを例にして教訓的な内容を歌ったものが少なからずある。
　自然を歌った歌のうち、純粋に自然の素晴らしさを歌った歌としては、《スミレ》(Das Veilchen)、《5 月》(Der May) などの歌が挙げられる。その他、家族愛をメインテーマとする歌も 7 曲ある。それらの歌にも、《2 人の子ども達への戒め》(Ermahnung an zwey Kinder) のように親が子どもを諭すような教訓的な歌詞を持つものもある。しかし多くは、親から子への愛情、兄弟愛が歌われており、さらに第 1 節を姉（または妹）、第 2 節を弟（または兄）（第 29、50 曲）、あるいはその逆（第 30 曲）のように兄弟で交互に歌うように作られていたり、兄弟で交互に歌ったあと最後にデュエットするように作られている歌もあり（第 69 曲）、この歌曲集を家族で歌って家族間の絆を深めるのにも役立てようとい

う意図もみられる。兄弟同士が交互に歌う歌は4曲だが、それ以外にも、スズメからキジバト（第20曲）、コガラスからウグイス（第26曲）など、第1節と第2節で役割を分けて歌わせるような歌もあり、兄弟同士で交互に歌う歌と合わせると、全部で8曲が各節に役割があり、役割に応じて分けて歌う歌ということになる。

　以上のように、ヒラーの『子どものための歌曲集』の歌詞の最大の特徴は、教訓的なものが多いことである。ここから、コラールよりも子どもにわかりやすい言葉を持つこれらの教訓的な歌を歌わせることを通して、子どもを道徳的に教育しようというヒラーの意図がみてとれる[26)]。

第3節　ヒラー『子どものための歌曲集』の音楽教育への影響と　　　　その歴史的意義

　以上、ヒラーの『子どものための歌曲集』について、その楽曲と歌詞の分析を詳細に行い、その特徴について考察してきた。最後に、この曲集を端緒とする18世紀後半の子どもの歌の後世への影響とその音楽教育史的意義について、当時の社会的背景との関わりを踏まえ、19世紀初頭までを視野に入れて考察を行いたい。

　ヒラーは、教会音楽を重視する一方で、「教会音楽の世俗化を容認する新しい様式観」[27)]を持ち、子どもの歌以外にも多くの世俗歌曲を作曲している。ヒラーの『子どものための歌曲集』が出された後、先にも触れたライヒャルトの同名の歌曲集、また、子どものための歌ばかりではないが、そのなかに子ども向けの歌も含まれているシュルツの『民謡調の歌曲集』、さらにネーゲリの最初の歌曲集（1794）、ベートーヴェン（Ludwig van Beethoven, 1770-1827）の最初の師として知られるネーフェ（Christian Gottlob Neefe, 1748-1798）や、クンツェン（Friedrich Ludwig Ämilius Kunzen, 1761-1817）、ナウマン（Johann Amadeus Naumann, 1741-1801）など、当時活躍した著名な作曲家達が、コラールのような教会で歌うための歌とは違う民謡のような親しみやすい旋律を持つ世俗的な歌曲を次々と作曲し、18世紀後半にそれらが次々と出版されるようになった。

第1章 18世紀後半のドイツにおける子どもの歌の創始

　ヒラーの子どもの歌やシュルツの民謡調の歌曲などは、当時の音楽教育界、とりわけ汎愛派（Philanthropinismus）の学校[28]等、当時の進歩的な学校から注目を集め、実際にそのなかから何曲かは教材として使われていたとされている[29]。もちろん、汎愛派の学校等、当時の進歩的な学校は、裕福な家の子弟が通っていたとされ、一般の民衆学校とは異なるが、ヒラーの『子どものための歌曲集』の表紙絵からも明らかな通り、18世紀後半の進歩的な教育は富裕層の子ども達を対象に行われたものであり、そこには当然のことながら時代的制約も認められる。しかし、ヒラーの『子どものための歌曲集』を契機とする18世紀後半に成立した子どもの歌は、それらが汎愛派の学校等に導入されたことにより、19世紀に入り、ネーゲリらがコラールに代わる新しい歌唱教材を数多く作曲し、それらを積極的に学校に導入する活動につながっていくものであろう。

　18世紀後半に作曲されたヒラーらの子どもの歌は、そのうちの何曲かが1799年発行の『ミルトハイム歌曲集』（Mildheimisches Lieder-Buch）[30]に収録されている。この歌曲集は、19世紀前半までに何度も再版されていることから当時、相当広まったことがうかがえ、『ミルトハイム歌曲集』を通して18世紀の子どもの歌は、富裕層にとどまらず、広く一般の民衆の子ども達にまで流布することとなった[31]。

　学校において教会で歌う歌を教えるというだけでなく、子どもに合った親しみのある民謡のような旋律を持つ歌を教育的意図を持って教えることで、人間教育としての音楽教育、近代的な教科としての音楽科教育へ、という道筋をつけることにもなったと言える。すなわち、そのような音楽の世俗化、音楽教育の近代化を導く一つの端緒になったものが、最初期の子どもの歌であるヒラーの『子どものための歌曲集』にあったと言えるであろう。

註

1) 阪井葉子『歌謡と口承 ― ドイツ民謡研究の生成と展開』大阪大学博士学位請求論文、2007年、4頁。
2) 伝承的な子どもの歌（わらべうた）に関する先行研究は、民謡研究の一部として例えば次のようなものがあるが、それらでは具体的な楽曲分析は行われていない。

Gerstner-Hirzel, Emily. "Das Kinderlied," *Handbuch des Volksliedes.*, Bd.1, 1973.

Vahre, Fredrik. *Kinderlied: Erkundungen zu einer frühen Form der Poesie im Menschenleben*, Weinheim und Basel: Beltz Verlag, 1992.

3) これ以前に著名な作曲家によって作曲され、かつ公刊された『子どものための歌曲集』は、少なくとも現時点で筆者が調べた限り見当たらない。なお、筆者が所有するヒラーの『子どものための歌曲集』は、その表紙に「増補版」(vermehrte Auflage) と書かれているが、これは、本曲集の序文に、「この版で100-136頁までの17曲を追加した」(Hiller, Johann Adam. *Lieder für Kinder*, Leipzig: bey Weidmanns Erben und Reich, 1769, Vorbericht) と書かれていることから、筆者が所有する版より17曲少ない初版が存在したことがうかがえる。ただ、筆者のドイツでの度重なる資料探索、RISMやVifamusikなどの音楽史料の基礎文献からの資料検索によっても、その初版の存在は確認できていない。ザイフェルト（Bernhard Seyfert）の先行研究でも、初版が見つからないと書かれており（Seyfert, Bernhard. "Das musikalisch-volkstümliche Lied von 1770-1800", *Vierteljahrsschrift für Musikwissenschaft*, 1894, S.46）、少なくとも19世紀末より今日まで、本曲集の初版の存在は不明であるとみるのが妥当である。なお、MGGの「ヒラー」の項目の文献表では、『子どものための歌曲集』の初版の出版年は1769年になっているが（Grimm, Hartmut&Ottenberg, Hans-Günter, "Hiller, Johann Adam", *Die Musik in Geschichte und Gegenwart*（以下、この文献を*MGG*と略記）Personteil 8, Sp.1566）、それがこの「増補版」のことをさすのか、あるいは17曲少ない本来の初版のことをさすのかは不明である。また、表紙に書かれた Mit neuen Melodien von Johann Adam Hiller は、ヒラーの新しい旋律17曲を含んだ増補版ということをさすものと思われる。

4) 例えば、以下のような著名なリート史の先行研究でヒラーのリートが取り上げられているが、『子どものための歌曲集』については、ほんの少し触れられているか、題名のみ挙げられている程度である。Seyfert, a.a.O., S.33-102.

Wiora, Walter. *Das deutsche Lied. Zur Gechichte und Ästhetik einer musikalischen Gattung*, Wolfenbuttel: Karl Heinrich Moseler Verlag, 1971.

その他、ヒラーの伝記的研究として以下のものがあるが、ここでも『子どものための歌曲集』については、1頁弱の記述があるだけである。

Peiser, Karl. *Johann Adam Hiller: Ein Beitrag zur Geschichte des 18. Jahrhunderts*, Leipzig: Verlag von Gebrüder Hug & Co. 1894. [reprint ed., Leipzig: Zentralantiquariat der Deutschen Demokratischen Republik, 1979.]

また、わが国におけるヒラー研究としては、今井民子による以下の論文があるが、『子どものための歌曲集』に焦点を当てたものではない。

今井民子「J.A. ヒラーのジングシュピール研究――原曲オペラ・コミックとの比較を中心

に——」『弘前大学教育学部教科教育研究』第15号、1992年、11-30頁。
今井民子「J. A. ヒラーの『装飾歌唱法』について」『弘前大学教育学部紀要』90号、2003年、87-94頁。

5) Reichardt, Johann Friedrich. *Lieder für Kinder,* 4 Bde. Braunschweig, 1781-1790.
6) Schulz, Johann Abraham Peter. *Lieder im Volkston*, 3Bde. Berlin: bey Georg Jakob Decker, Königl.Hofbuchdrucker, 1785［初版：1782］, 1785, 1790.
7) Peiser, a.a.O., S.30.
8) ルソー、ジャン＝ジャック『エミール』第1巻、今野一雄訳、岩波書店（岩波文庫）、1988［初版：1962］年、103頁。
9) Weyer, Reinhold.*Bernhard Christoph Ludwig Natorp: Ein Wegbereiter der Musikdidaktik in der ersten Hälfte des 19.Jahrhunderts,* Frankfurt:P.Lang, 1995, S.202.
10) Frey, Paul. *Die zürcherische Volksschulgesetzgebung 1831-1951,* Zürich: Buchdruckerei Dr. J. Weiss, Affoltern a.A., 1953, S.9.
11) ここでディスカントのみを取り上げたのは、後述のナトルプの記述にもある通り、子ども達がコラールの旋律を歌っていたという記録はあるものの、旋律以外のパートを歌ったとか、ましてやコラールを子どもだけで合唱で歌っていたなどという記録は、少なくとも19世紀初頭までには見当たらず、また音域を考えても、アルトやテノール、バスなどは、子どもの声域には低すぎると思われるからである。
12) ナトルプ（Bernhard Christoph Ludwig Natorp, 1774-1846）は、19世紀初頭のプロイセンにおける教育改革を高等宗務局顧問官（Oberkonsistrialrat）の立場で主導した教育者である。ペスタロッチ主義の教育法を唱歌教育に取り入れることで学校でのコラールの改善を図った。なお、パウル・ナトルプ（Paul Gerhard Natorp, 1854-1924）と混同されやすいが、当然のことながら時代が異なり、別人物である。
13) Volksschuleは、今日的な意味では小学校であるが、民衆（Volk）の子弟が通う小学校として民衆学校という訳語が定着しているため、本章でも民衆学校とする。
14) Natorp, Bernhard Christoph Ludwig. *Anleitung zur Unterweisung im Singen für Lehrer in Volksschulen,* 1.Bd., Essen und Duisburg: bey G.D.Bädeker, 1818［初版：1813］, S.1.
15) Seyfert, a.a.O., S.45.
16) ヒラーがハインリッヒ・フォン・ブリュール伯爵家で家庭教師をしていたことは、以下のMGGやメッツラーの音楽事典をはじめ、様々な音楽事典の「ヒラー」の項目で、最初に彼の生涯の概略を記した個所に書かれている。
Grimm & Ottenberg, a.a.O., Sp.1562.
Hoffmann-Erbrecht, L.「ヒラー、ヨハン・アーダム」『メッツラー音楽大事典』（日本語DVD版）、教育芸術社、2006年。

17）表紙絵からは、ヒラーは子どもの歌を、母親が歌って聴かせるために作った側面が強かったのではないかと思わせるが、後述の『ミルトハイム歌曲集』に収録された歌など、実際に広まった歌には子ども自身が歌ったものが多い。

18）なお、右側の絵は、左側の絵ほど意図するものがはっきりしないのであるが、森のような木々に囲まれたところに天使のような裸の子ども達が楽器を持っているという絵で、ここに、ルソーの自然思想の影響がみられるのではないか、と推察される。

19）Hiller, a.a.O., Vorbericht.

20）『子どものための歌曲集』は全71曲だが、1曲の中に2つの旋律を持つもの（例えば、第1・2節と第3・4節で旋律が異なるなど）が2曲あるため、全73旋律となる。

21）長調の曲が全体の85％を超えて圧倒的に多いというのは、現在の子どもの歌の特徴と一致する。筆者は以前、現在の日本で歌われている子どもの歌について200曲ほど、その調性を調べたことがあるが、やはり全体の90％近くが長調であった。

22）このことについては、当時の子どもの声域が現在の子どもよりも高かったとか、ピッチが今よりも低かったなどと言われているが、はっきりしたところはまだ、わかっていない。

23）なお、この曲集の歌の旋律がオクターヴ以内に収まっている曲が40％弱であることから、果たして民謡調と言えるのかという疑問も起こりえるが、民謡調の歌曲の代表であるシュルツの『民謡調の歌曲集』に所収の歌も、旋律がオクターヴ以内に収まっている曲が全134曲中35曲（全体の約26.1％）にすぎないことから、同様の傾向にあると言える。すなわち、実際の民謡が5度以内に収まっている旋律が多いことから、口承で伝えられてきた民謡と著名な作曲家によって作られた民謡調の歌曲とは、似て非なるものであることを示しているとも言える。シュルツの『民謡調の歌曲集』についての詳細な楽曲と歌詞の分析結果は、第2章を参照。

24）作詞者をヴァイセとしているのは、ザイフェルトの先行研究による（Seyfert, a.a.O., S.46.）。だがヒラー自身は、作詞者について歌曲集のなかで具体的な名前を挙げていない。

25）Hiller, a.a.O., S.30.

26）この辺のところは、当時広く普及していたラ・フォンテーヌ（Jean de la Fontaine, 1621-1695）の教訓的な『寓話集』などに批判的だったルソーの思想とは相いれないものであろう。すなわち、ヒラーがルソーから影響を受けたのは、音楽的な側面や自然思想であり、彼がすべてルソーの教育思想を受け継いだわけではないことがうかがえる。

27）今井、前掲論文、2003年、87頁。

28）汎愛派とは、バゼドウ（Johann Bernhard Basedow, 1723-1790）が創設した汎愛学校を中心に展開された教育運動のことである。ルソーの自然主義の影響を受け、子どもの自発

性を重視し、発達段階と生活経験に属した教育活動を展開した。バゼドウのほか、ザルツマン（Christian Gotthilf Salzmann, 1744-1811）、カンペ（Joachim Heinrich Campe, 1746-1818）らがそこに属する。

29）汎愛派の音楽教育を取り上げた先行研究はきわめて少ないが、以下の文献に若干の記載がみられる。Kühn, Walter. "Geschichte der Musikerziehung", *Handbuch der Musikerziehung,* o. J., S.23.

30）Becker, Rudorf Zacharias. *Mildheimisches Lieder-Buch von fünfhundert und achtzehn lustigen und ernsthaften Gesängen über alle Dinge in der Welt und alle Umstände des menschlichen Lebens, die man besingen kann. Gesammelt für Freunde erlaubter Fröhlichkeit und ächter Tugend, die den Kopf nicht hängt,* Gotha:Beckersche Buchhandlung, 1799.

31）なお、『ミルトハイム歌曲集』も、民衆啓蒙、教育的意図を持って作られたものであることは、以下の先行研究において示されている。すなわち、公序良俗に反する内容の歌（＝伝承的な民謡やわらべうた）から民衆を遠ざけるために、著名な作曲家達によって作曲された民衆に親しみやすい民謡調の歌曲をこの曲集に集め、広めたのである。
参照：阪井「民衆啓蒙のなかの民謡」。

第1部 18世紀後半〜19世紀初頭におけるスイス・ドイツの民衆の歌唱活動と音楽教育

資料1 ▶『子どものための歌曲集』所収曲一覧

	曲名（日本語訳）	メインテーマ	サブテーマ	節数	調	音域	音域差	拍子	小節数	小節構造	速度記号・発想標語
1	Zuschrift an ein paar Kinder（2人の子ども達への手紙）	家族愛	―	4	G	d^1-g^2	11	3/8	14	7+7	
2	Der junge Baum（若い木）	自然	希望	3	B	g^1-g^2	8	2/4	16	8+8	Etwas langsam
3	Das Veilchen（スミレ）	〃	―	2	G	d^1-g^2	11	3/8	14	7+7	Sanft
4	Lob' der Unschuld（純潔の誉れ）	愛情	―	4	G(C)	fis^1-f^2	8	4/4	〃	6+6+2	Mäßig geschwind
5	Der May（5月）	自然	喜び	3	Es(B)	es^1-as^2	11	6/8	8	4+4	Gemäßigt
6	Der Tod（死）	死	生	2	〃（〃,As）	es^1-f^2	9	3/4	18	8+6+4	Gravitätisch
7	Der Apfel（りんご）	子ども	自然	4	E	e^1-e^2	8	2/4	8	4+4	Lustig
8	Die Freyheit（自由）	自然	自由	3	a(F)	e^1-f^2	9	〃	23	12+11	Klagend
9	Die wahre Größe（真の偉大さ）	戦争	教訓	〃	C(G)	g^1-f^2	7	2/2	18	7+11	Munter
10	Schönheit und Stolz（美と誇り）*Phillis → Damon	美	誇り	2	F(B)	d^1-f^2	10	3/8	16	8+8	Lebhaft
11	Das Kartenhäuschen（砂上の楼閣）	家	―	3	A	g^1-fis^2	7	2/4	10	6+4	Muthig
12	Der wahre Reichtum（真の豊かさ）	教訓	―	2	D(A)	fis^1-a^2	10	〃	28	16+12	
13	Der Fisch an der Angel（釣り針にかかった魚）	〃	欲	5	G	g^1-e^2	6	6/8	8	4+4	Gemäßigt
14	Die Seitenblase（シャボン玉）	〃	―	2	〃	g^1-g^2	8	2/4	20	12+8	Schrittmäßig
15	Die Mücke（蚊）	〃	―	〃	B	f^1-g^2	9	3/8	16	8+8	nicht sehr geschwind
16	Die kleinen Leute（小さい人々）	物語	―	3	F	f^1-f^2	8	2/4	28	16+12	Etwas geschwind
17	Die Sonne（太陽）	自然	―	〃	Es(B)	d^1-as^2	12	3/4	24	12+12	zärtlich und langsam
18	Der Vorsatz（決意）	教訓	―	2	G(D)	g^1-g^2	8	2/4	8	8+8	Munter
19	Die Kleiderpracht（衣服の華やかさ）	〃	―	〃	B	f^1-g^2	7	〃	8	4+4	
20	Der Sperling und das Turteltäubchen（スズメとキジバト）*Sperling → Turteltäubchen	〃	―	〃	g	g^1-g^2	8	3/8	24	8+8+8	Klagend
21	Das Klavier（ピアノ）	喜び	―	3	B(F)	a^1-g^2	7	2/4	〃	〃	Freudig
22	Die Freundschaft（友情）	友情	教訓	2	F(C)	e^1-f^2	9	2/4	〃	〃	Gemäßigt
23	An den Schlaf（眠りに）	日常	―	〃	C	h^1-g^2	6	〃	16	8+8	Etwas langsam
24	Die Zeit（時）	教訓	―	4	F	e^1-f^2	8	〃	8	4+4	Gesetzt
25	Die Furcht（恐れ）	自然	―	〃	a	e^1-f^2	9	3/4	〃	〃	Nach Polonaisenart
26	Die Dohle und Nachtigal（コガラスとウグイス）*Dohle → Nachtigal	〃	教訓	2	A(E)	fis^1-fis^2	8	〃	12	6+6	Etwas geschwind
27	Der Neid（羨望）	教訓	―	〃	B	es^1-f^2	9	3/8	16	8+8	nicht geschwind
28	Die Eule（ふくろう）	〃	自然	〃	e	e^1-f^2	〃	4/4			
29	Der arme Mann（貧しい男）*Schwester → Bruder	〃	―	〃	F(C)	e^1-g^2	10	2/4	24	8+8+8	Ernsthaft
30	Eitle Schönheit（うぬぼれの強い美しさ）*Bruder → Schwester	〃	―	2 + 2	C(G) / c	d^1-a^2 / f^1-g^2	12 / 10	3/4	23	7+8+8	Muntermäßig / Zu vorigen Bevorgang
31	Der Greis（老人）	〃	―	〃	g(c)	g^1-f^2	7	3/8	20	8+8+4	Klagend

第1章 18世紀後半のドイツにおける子どもの歌の創始

32	Das äußerliche Ansehen（外見）	〃	自然	3	A	fis^1-e^2	〃	2/4	12	6+6	Ernsthaft
33	Der Fleis（勤勉）	人間	教訓	9	E	e^1-e^2	8	3/8	16	8+8	Muthig
34	Klagelied eines Knaben auf den Tod eines jungen Mädchens（若い少女の死への少年の嘆きの歌）	悲しみ	—	5	f(c)	e^1-as^2	11	4/4	20	8+8+4	Traurig
35	Der Schneemann（雪だるま）	自然	—	2	B	f^1-g^2	9	6/8	8	4+4	Sicilianisch
36	Das Geschenk. Der Bruder an die Schwester（贈り物．兄から妹への）	家族愛	—	3	C(a)	g^1-g^2	8	3/8	16	8+8	Munter
37	Der Vorwitz das Künftige zu wissen（将来を知りたがること）	幸運	—	4	F(C,G)	e^1-d^2	7	2/4	17	7+7+3	Gelassen
38	Unüberlegter Wunsch. Der Mann und Knabe（軽率な望み．男性と男の子）*Knabe → Mann	教訓	—	1+1	B (g)	f^1-g^2 d^1-g^2	9 11	3/8 〃	20 〃	8+6+6 〃	Gemäßigt Zu vorigen Bevorgang
39	Der Kräufel（縮れ毛）	人間	—	2	G	〃	〃	〃	16	8+8	Hurtig
40	Der Seiltänzer（綱渡り師）	〃	—	〃	C	e^1-g^2	10	〃	24	8+8+8	〃
41	Das Lamm（子羊）	動物	悲しみ	5	c	d^1-as^2	12	3/4	17	7+7+3	Klagend
42	Das größte Glück（大きな幸運）	幸運	—	2	F	f^1-f^2	8	2/4	20	8+8+4	Ernsthaft
43	Ein kleines Unrecht（小さな間違い）	教訓	動物	4	A	e^1-fis^2	9	〃	8	4+4	nicht geschwind
44	Der Mond（月）	自然	英知	6	G	d^1-fis^2	10	〃	16	8+8	Angenehm
45	An die Lerchen（ヒバリに）	人間	動物	2	g	g^1-g^2	8	〃	24	8+8+8	Etwas geschwind
46	Der thörichte Wunsch（愚かな望み）	自然	人間	6	A	e^1-fis^2	9	〃	8	4+4	Lustig
47	Der Schatten（影）	〃	〃	2	B	d^1-g^2	11	〃	20	8+8+4	Mit
48	Die Bienen（ミツバチ）	教訓	自然	4	F(B,C)	〃	〃	〃	32	16+16	Lustig
49	Der Gehorsam（従順）	人間	動物	2	B	d^1-f^2	9	〃	9	4+5	Gangmäßig
50	Die Lieblingsleidenschaft（お気に入りへの情熱）*Schwester → Bruder → S → B	家族愛	教訓	4	C(F)	e^1-f^2	11	6/8	〃	〃	Ernsthaft
51	Der Schmetterling（蝶）	教訓	自然	2	A(E)	e^1-a^2	〃	〃	17	8+9	Etwas geschwind
52	Der Morgen（朝）	自然	幸運	4	Es(B)	es^1-g^2	10	2/4	16	8+8	
53	Das Vogelnest（鳥の巣）	〃	人間	6	A	dis^1-fis^2	〃	3/8	〃	〃	Munter
54	An die Gesundheit（健康に）	幸運	教訓	4	F(C,B)	e^1-g^2	〃	4/4	24	8+8+8	Gemäßigt munter
55	Der Winter（冬）	教訓	人間	4	B	g^1-f^2	7	3/8	〃	〃	Gemäßigt
56	Der Aufschub（延期）	〃	〃	〃	G	fis^1-g^2	9	2/4	〃	〃	nicht geschwind
57	An einen Bach（小川へ）	自然	—	〃	F(B)	〃	〃	〃	16	8+8	Sanft
58	Die Schaamröthe（赤面）	教訓	—	〃	B	f^1-g^2	〃	3/4	8	4+4	Gemäßigt
59	Die Rosenknospe（バラのつぼみ）	自然	教訓	5	Es	d^1-es^2	〃	〃	14	7+7	gefällig
60	Das Vergnügen wohl zu thun（慈善をする楽しみ）	教訓	人間	3	g	fis^1-g^2	〃	3/8	24	8+8+8	Zärtlich
61	Auf ein paar von der Katze erwürgte Lachtauben（猫に絞め殺された一対のシラコバトへ）	〃	動物	3	G(d)	〃	〃	2/4	12	4+4+4	Zornig
62	An die Bücher（本に）	〃	—	6	B	g^1-g^2	8	〃	16	8+8	Besorgt
63	Auf das Bildniß einer geliebten Mutter（愛されし母の肖像）	家族愛	—	2	G	fis^1-g^2	9	3/8	〃	〃	Munter
64	Das Rothkehlchen（コバシコマドリ）	動物	教訓	5	C	g^1-f^2	7	3/4	〃	〃	nicht geschwind
65	Die Vorsicht（注意）	教訓	動物	4	A(E,D)	e^1-a^2	11	2/4	19	5+6+8	
66	Falsches und wahres Lob（間違った賞賛と正しい賞賛）	〃	人間	2	C	a^1-a^2	8	4/4	12	6+6	

29

18世紀後半～19世紀初頭におけるスイス・ドイツの民衆の歌唱活動と音楽教育

67	An einem Baum im Herbste（秋の木に）	自然	―	3	Es(As)	es^1-es^2	〃	3/4	24	8+8+8	
68	Die Spinne（クモ）	動物	自然	〃	F(C,g)	c^1-f^2	11	2/4	〃	〃	Lebhaft
69	Brüderliche Eintracht. Bruder und Schwester（兄弟の和合。兄と妹）*Bruder→Schwester→B→S→Beyde	家族愛	―	5	B(F,c)	f^1-g^2	9	3/4	24+24	(8+8+8)×2	Langsam (Zu vorigen Bevorgang)
70	Ein paar Kinder an ihre Mutter, bey derselben Geburtstage（2人の子ども達がお母さんへ。彼女の誕生日に）	〃	―	10	B(g)	fis^1-g^2	〃	2/4	16	8+8	Zärtlich
71	Ermahnung an zwey Kinder（2人の子ども達への戒め）	〃	教訓	3	G	fis^1-e^2	7	3/4	〃	〃	〃

注： 1.*Bruder → Schwester 等（曲名欄）＝1節：兄、2節：妹など、複数の人間が交互に歌うの意
2. ― ＝なし
3. 〃 ＝同上
4. 調の大文字は長調、小文字は短調
5. 調、拍子、速度記号等の( )は、曲の途中で現れるもの

第2章

18世紀後半のドイツにおける民衆啓蒙と音楽教育
── J.A.P. シュルツ『民謡調の歌曲集』(1782/85/90) の分析を通して──

　前章で述べた通り、18世紀後半のドイツでは、1770年代に "Volkslied" という語をヘルダーが創出したのを機に民謡への関心が高まり、それに伴って "volkstümliches Lied（民謡調の歌）" と呼ばれるものも多く作られるようになった。その代表と言えるのが、シュルツの『民謡調の歌曲集』である。この歌曲集は3巻構成で、初版の第1巻が1782年、第2巻が1785年、第3巻が1790年に出版されており、全3巻で計136曲（重複している曲を除く）が収められている。1785年には、早くも第1巻の改訂された第2版[1]が出されており、いかにこの曲集が当時普及したかをうかがうことができよう。

　シュルツの『民謡調の歌曲集』については、リートの歴史という視点から取り上げられたものは少なからず存在する[2]。しかし本章は、この歌曲集をリート史ではなく、民衆啓蒙と音楽教育との関わりという視点からとらえたい[3]。よって本章では、まずはヘルダーの民謡論について若干触れた後、民謡調の歌の特徴を明らかにし、その上で『民謡調の歌曲集』所収曲の楽曲構成や歌詞等を詳細に分析する。そして最後に、18世紀後半のドイツ、特にシュルツが活躍した北東ドイツ地域の時代背景を踏まえた上で、19世紀初頭までを視野に入れて、この歌曲集を民衆啓蒙と音楽教育との関わりという視点から考察したい。

18世紀後半～19世紀初頭におけるスイス・ドイツの民衆の歌唱活動と音楽教育

第1節　民謡と民謡調の歌

　ヘルダーは民謡について、「無学で感覚的な民衆の歌」（Lieder eines ungebildeten, sinnlichen Volkes）[4]であり、「長いあいだ父祖の伝統にのっとって口承で歌い継がれてきた」[5]、つまり文字ではなく口伝えで民衆に歌われてきた歌であるとしている。そしてその性質は、「野性的で活気があり、自由で感覚的、叙情的」[6]であると述べている。一方、民謡を模して作られた民謡調の歌についてシュルツは、『民謡調の歌曲集』第2版の「序文」において、自身の歌の作曲の意図を述べながら、以下のように特徴づけている。

　　あらゆるこれらの歌における私の努力は、技巧的（kunstmäßig）よりむしろ民謡的（volksmäßig）に歌うこと、つまり訓練を受けていない歌の愛好家であっても、…（中略）…簡単に人の後について歌ったり、覚えたりできるということにあった。…（中略）…そして私は旋律をきわめて単純でわかりやすくし、すべてのふしによく知られている外観（der Schein des Bekannten）をもたらすように努めた。…（中略）…このよく知られている外観に、民謡調のあらゆる秘密があるのである。[7]

　「よく知られている外観」とは、どこかで聴いたことのあるような旋律、誰でもすぐに歌うことのできる親しみやすい民謡のような旋律のことであり、それこそ、民謡調の歌の特徴であると述べているのである。「民謡調」ということをタイトルにうたい、上のような理念を持って作曲したシュルツの『民謡調の歌曲集』がその代表であることは間違いないが、他にもこの時代には、例えばライヒャルトなども、民謡調の歌、人々が集って楽しみながら歌う歌を作曲している[8]。

18世紀後半のドイツにおける民衆啓蒙と音楽教育

第2節　シュルツ『民謡調の歌曲集』の分析ならびにその特徴

1．楽曲分析とその特徴

　筆者は、このシュルツの『民謡調の歌曲集』について、1曲ずつその歌詞と、楽曲については調性、拍子、音域や小節構造等を中心に詳細に分析した（各曲についての具体的な分析結果は、章末の**資料2**を参照）。なお、このシュルツの『民謡調の歌曲集』についても、前章のヒラーの『子どものための歌曲集』と同様、複雑なリズムが使われているものは少なく、また和声に関しても簡単な借用がある程度で析出すべき材料が少ないため、拍子と調性、音域や小節構造について全体的な傾向を明らかにするにとどめ、リズムや和声は分析の対象から除外した。

　まず所収曲の規模だが、この歌曲集には30小節を超えるような長い曲は少なく、20小節以下の短い曲が全134曲（同じ旋律で歌詞の異なる2曲を除く）中108曲、全体の8割以上にのぼっており、きわめて短い曲が多い（**表2-1-2**参照）。また小節構造に関しては、偶数小節と奇数小節の混在も少なからずあるが（2割強）、全体的には7割以上が偶数小節の組み合わせで構成されている（**表2-2**参照）。拍子に関しては4分の2、4分の4、8分の6で全体の4分の3弱を占め（**表2-1-1**参照）、曲の途中で拍子の変わる曲が11曲ある。調性に関しては、全134曲中114曲、つまり全体の85%強が長調を基本としている曲である（**表2-3**参照）。最も多い調はG-durで20曲、続いてA-durが19曲、Es-dur16曲と続くが、使われている調性に偏りは比較的少ない。途中で転調している曲も21曲あるが、調号が変わるような大きな転調は1曲（第1巻第23曲）で、それ以外の曲の転調はほんの数小節、近親調に転調しているだけである。楽曲の形態をみても、全133曲（同一の歌詞で旋律が異なる3曲を除く）中119曲が純粋な有節歌曲であり、全体の90%弱、有節形式を基本としながらも一部、異なっている部分のある5曲を加えると実に124曲、全体の約93.3%が有節形式を基本としている曲である（**表2-4**参照）。音域も最低音はd^1が最も多く、ついでe^1、c^1、f^1と続き、最高音はg^2とf^2が最も多い。最低音と最高音の音域の差は、オクターヴよりもやや広め、11度が最も多く、ついで9度、8度の

18 世紀後半〜 19 世紀初頭におけるスイス・ドイツの民衆の歌唱活動と音楽教育

表 2-1-1 ▶拍子と小節数との関係

拍子	2/4				3/4				4/4				2/4(6/8)			
曲数	34				5				33				4			
%	25.3				3.7				24.6				2.9			
小節数	〜10	〜20	〜30	31〜	〜10	〜20	〜30	31〜	〜10	〜20	〜30	31〜	〜10	〜20	〜30	31〜
曲数	13	16	2	3	4	0	0	1	11	19	2	1	0	3	1	0
拍子	3/8				6/8				途中で拍子が変わる曲 (2/4 → 6/8 以外)				その他 (6/4, 3/2, 2/8, 4/8, 6/16)			
曲数	13				32				7				6			
%	9.5				23.9				5.2				4.5			
小節数	〜10	〜20	〜30	31〜	〜10	〜20	〜30	31〜	〜10	〜20	〜30	31〜	〜10	〜20	〜30	31〜
曲数	1	7	2	3	13	14	4	1	1	1	4	1	4	1	1	0

表 2-1-2 ▶小節数の合計

小節数	〜10	〜20	〜30	31〜
曲数	47	61	16	10
%	35.0	45.5	11.9	7.5

* 表 2-1-1、表 2-1-2 は、同一の旋律で異なる歌詞の曲を除く全 134 曲。

表 2-2 ▶小節構造

組み合わせの仕方	第 1 巻		第 2 巻		第 3 巻		第 4 巻	
	曲数	%	曲数	%	曲数	%	曲数	%
偶数の組み合わせ	32	68.1	25	69.4	39	76.4	96	71.6
奇数の組み合わせ	4	8.5	3	8.3	1	2	8	6
両者の混在	11	23.4	8	22.2	11	21.6	30	22.4

表 2-3 ▶調性（基本とする調）

長・短	Dur								moll					
曲数	114								20					
%	86.3								14.9					
調性	C	F	G	B	D	Es	A	E	As	H	a	c	g	e	f	d	fis
曲数	10	14	20	13	9	16	19	10	1	2	6	2	3	3	3	2	1

18世紀後半のドイツにおける民衆啓蒙と音楽教育

表 2-4 ▶楽曲の形態と歌詞の節数（有節歌曲の場合）

形態	（純粋な）有節歌曲													（変化のある）有節歌曲				通作
曲数	119													5				9
%	89.5													3.8				6.8
節数	1,2	3	4	5	6	7	8	9	10	11	12	13	(2)	(4)	(5)	(8)	(9)	―
曲数	2	16	18	9	15	17	16	10	3	6	5	2	1	1	1	1	1	9

＊同一の歌詞で異なる旋律の曲を除く全133曲。

表 2-5 ▶音域

最低音					最高音					音域差				
音名	曲数				音名	曲数				度数	曲数			
	第1巻	第2巻	第3巻	合計		第1巻	第2巻	第3巻	合計		第1巻	第2巻	第3巻	合計
a	2	0	1	3	c^2	0	2	0	2	6	3	4	2	9
b	0	2	1	3	cis^2	1	0	0	1	7	1	3	1	5
h	1	0	2	3	des^2	0	1	0	1	8	10	6	5	21
c^1	3	7	5	15	d^2	1	2	3	6	9	15	6	14	35
cis^1	0	0	5	5	es^2	1	2	1	4	10	5	3	7	15
d^1	14	6	12	32	e^2	1	4	6	11	11	10	11	17	38
dis^1	1	1	2	4	f^2	11	10	11	32	12	0	0	2	2
es^1	2	5	2	9	fis^2	2	2	7	11	13	0	0	1	1
e^1	8	3	11	22	g^2	12	9	12	33	14	2	3	2	7
f^1	5	4	5	14	gis^2	1	0	2	3	15	1	0	0	1
fis^1	1	2	3	6	as^2	2	3	2	7					
g^1	6	0	1	7	a^2	6	1	6	13					
gis^2	1	3	1	5	b^2	0	0	1	1					
a^1	2	1	0	3	c^3	1	0	0	1					
b^1	1	1	0	2										
h^1	0	1	0	1										

順となっている（**表 2-5** 参照）。これらのことから、『民謡調の歌曲集』所収の歌はほとんどの曲が単純な楽曲構成で、短く明るい曲であると言えるであろう。

2．歌詞の分析とその特徴

　次に歌詞だが、作詞者は**表 2-6** にまとめた通りで、フォス（Johann Heinrich Voß, 1751-1826）の詩によるものが34曲と最も多く、ついでビュルガー（Gottfried

August Bürger, 1747-1794) 19曲、クラウディウス（Matthias Claudius, 1740-1815) 16曲、シュトルベルク（Fr.L.Graf zu Stolberg) 14曲と続いている。ここからもわかる通り、いわゆる「ゲッティンゲンの森の結社」（Göttinger Hainbund）と言われる当時活躍した著名な詩人達の詩が多く使われている。具体的な歌詞の内容としては、愛[9]や自然をテーマとした歌が最も多く、サブテーマまで含めると全体の過半数の歌で自然に関わる内容が歌われている（**表 2-7** 参照）。特にメインテーマが愛、サブテーマが自然、あるいはその逆といった組み合わせが最も多く、34曲にのぼる。こうした自然や愛を歌った歌が多いというところに、「ゲッティンゲンの森の結社」と言われる詩人達の特徴が出ていると言えよう。この2つのテーマに比べるとかなり少なくなるが、ついで多いのが宗教的な内容と人間をテーマとした歌である。人間をテーマとした歌と

表 2-6 ▶作詞者

作詞者名	曲数
Voß	34
Bürger	19
Claudius	16
Stolberg	14
Hölthy	6
Oberbeck	4
Jacobi, Klopstock, R. Schmidt, v. Döring	各2
その他（15人）	各1
作詞者不詳	17

表 2-7 ▶歌詞のテーマ

メインテーマ	愛	自然	宗教	人間	母性（家族）愛	労働	愛国	酒	喜び	その他	不明
曲数	36	27	13	12	7	6	5	4	3	17	3
%	27.1	20.3	9.8	9.0	5.3	4.5	3.8	3.0	2.3	12.8	2.3
サブテーマ	愛	自然	宗教	人間	母性（家族）愛	労働	愛国	酒	喜び	その他	なし
曲数	16	40	9	7	3	0	0	3	3	10	39
%	12.3	30.8	6.9	5.4	2.3	0	0	2.3	2.3	7.7	29.3
合計	愛	自然	宗教	人間	母性（家族）愛	労働	愛国	酒	喜び	その他	
曲数	52	67	22	19	10	6	5	7	6	27	
%	39.4	51.1	16.7	14.4	7.6	4.5	3.8	5.3	4.6	20.5	

* **表 2-6**、**表 2-7** は、同一の歌詞で異なる旋律の曲を除く全133曲。
* サブテーマは、歌詞の内容が不明な3曲を除く131曲。
* 合計欄のパーセンテージは、メインテーマとサブテーマを足した合計によるものであるため、100%にはならない。

いうのは、ある人物の性格を歌っていたり、ある特定の人物、たいていは恋人への思いを歌ったものなどで、恋人への思いを歌ったものは愛のテーマとも結びついている。他にも、家族愛や母性愛をテーマとしたものが、サブテーマまで含めて10曲ある。母性愛がテーマの歌は、母親が子どもに歌う子守歌のような歌が多いが、《家庭の歌》(Ein Lied in die Haushaltung: 第3巻第10曲)では、前半を母親が、後半を父親と兄弟姉妹が一緒に歌うという、まさに家庭の絆を深めるための歌となっている。

第3節　民衆啓蒙と音楽教育との関わりという視点からみた　シュルツの『民謡調の歌曲集』

　以上、シュルツの『民謡調の歌曲集』について、楽曲構成と歌詞を詳細に分析した。最後に、その分析を踏まえた上で、18世紀後半の北東ドイツにおける民衆啓蒙と音楽教育とこの曲集との関わりについて、民衆の社会における音楽活動と学校音楽教育に大きな変革がもたらされる19世紀初頭までを視野に入れて考察したい。

　シュルツの『民謡調の歌曲集』が作られた18世紀後半の北東ドイツは、全ヨーロッパ的な啓蒙主義の流れのなかにあり、リート史の上では、いわゆるベルリン・リート楽派の時代であったことは周知の通りである。ベルリン・リート楽派の人々がリートに求めたものは、楽しみ、啓蒙、平易さ、集団歌といった性質であり、シュルツもこの楽派の作曲家の一人とされている[10]。ところで「啓蒙」とは、「蒙きを啓く」ごとく、無学な民衆を啓発することであるが、「無学で感覚的な民衆の歌」である民謡に注目が集まったのは、こうした啓蒙主義という時代背景にあったと言える。そしてシュルツが民謡調を選んだのも、訓練を受けていない人でも簡単に歌える親しみやすい民謡のような旋律を「しばしば繰り返し歌うことによって喜びが喚起され、歌の刺激によって社会と人間生活の快適さに貴重な貢献をもたらす」[11]ことを望んだからであった。そして歌詞については、「歌曲作曲家の最終目的は、よい歌の詩を一般に知らせることである」[12]として、「最高の歌の詩人達からのみ選んだ」[13]。つまりシュルツは、

民衆の生活に歌を歌う喜びをもたらすことを通して民衆生活を精神的に向上させ、音楽的には易しくとも質の高い詩を持つ歌を与えたいという意図を持っていたと言える。このことから彼は、『民謡調の歌曲集』を通して民衆を啓蒙しようとしたと言えるであろう。

　ところで18世紀後半は、市民階級の台頭などの社会構造の変化が背景にあってアマチュア・オーケストラの活動が盛んになっていた一方、それとは反対にごく私的な、家庭的な雰囲気のなかで合唱サークルのようなものが生まれ、閉鎖的な空間のなかでの市民の歌唱活動も盛んに行われるようになった時代でもあった。家庭的な集いのなかで歌われる歌は、当然のことながら歌いやすさや易しさ、単純さが求められ、誰でも簡単に歌える民謡のような歌が注目されたのである。こうした時代背景から考えても、この歌曲集が人々の間に広く普及したのはある意味、当然と言ってもいいであろう。

　この歌曲集は、前章で取り上げたヒラーの『子どものための歌曲集』と同様、当時の音楽教育界、特に民謡を重視していた汎愛派の注目を集め、このなかから何曲かは実際に汎愛派の学校で教材として使われていたとされている[14]。18世紀後半の学校音楽教育は、前述の通り、宗教教育の一環として公式礼拝で歌うコラールを覚えさせることが目的と法的に規定され、教会で歌う歌を教えるということにほぼ限定されていたことから思えば、民謡調の歌の学校への導入は、学校に世俗的な教材を持ち込んだという意味で、きわめて画期的なことであったと言えよう。『民謡調の歌曲集』は、子ども対象に作られたものではないため、先述の通り、恋愛の歌など、子どもには向いていないと思われる歌も多いが、それでも純粋に自然の美しさを歌った歌や、母性愛や家族愛を歌った歌もあり、それらの歌が親しみやすい単純な旋律でできていることを考えると、教育的観点からも教材として取り上げるのにふさわしいと思われる曲は少なからず存在する。

　ところで、シュルツの『民謡調の歌曲集』のなかから数十曲が、前章でも取り上げた『ミルトハイム歌曲集』に収録されている。収録された曲数は、ヒラーの『子どものための歌曲集』よりも多く、『ミルトハイム歌曲集』を通してシュルツのたくさんの民謡調の歌が、民衆の間に広く浸透していったと言えるであろう。

さらにシュルツの『民謡調の歌曲集』は、ネーゲリの最初の歌曲集（1794/97/99）の音楽的なモデルになった作品であると評されており[15]、19世紀前半のペスタロッチ主義による学校音楽教育の改革、ならびに合唱運動の興隆に大きな役割を果たすこととなるネーゲリにも多大な影響を及ぼしていたと言える。

　19世紀に入り、ドイツでもペスタロッチ主義の改革に伴ってネーゲリをはじめ多くの音楽教育家達がたくさんの子どもの歌を作り、それらが学校に導入されて宗教的な歌と共存していくわけだが、このように19世紀に一般の民衆学校でも宗教的な教材と世俗的な教材とを並行して用いるというスタイルが確立していく契機となったのは、やはり18世紀後半に作られたシュルツらの民謡調の歌が汎愛派の学校等に導入されたことにあったと言えよう。さらにシュルツの『民謡調の歌曲集』は、民衆に歌う楽しさや喜びを与え、教会を離れた家庭的な集いや仲間内でのサークルで歌う小品を多く提供したことで歌う機会を増やす一助となった。ネーゲリら19世紀の音楽家達に少なからぬ影響を及ぼしたことからみても、この歌曲集は19世紀に興隆することとなる合唱運動の一つの音楽的土壌になったと言っても過言ではないであろう。

註

1) 第2版では大幅な改訂はないが、以下のような変更があった。題目の変更1曲（第2曲）、曲順の入れ替え1曲（第22曲と第28曲が第2版では逆）、曲の差し替え1曲（第31曲）、曲の削除8曲（第40-47曲）である。なお、初版から差し替えられた第31曲、削除された第41-47曲は、第1巻の第2版が出版されたのと同じ1785年に出版された第2巻に再掲されている。

2) 以下のものなど、多数ある。
　　Friedlaender, Max. *Das deutsche Lied im 18. Jahrhundert: Quellen und Studien*, Hildesheim: G.Olms, 1970［初版：1902］． ／ Seyfert, a.a.O., S.33-102.
　　Tenhaef, Peter. "Johann Abraham Peter Schulz und die Simplizitätsideale des Lebens", *Lied und Liedidee im Ostseeraum zwischen 1750 und 1900*, 2002, S.31-42.
　　また国内では、18世紀後半のリート史研究のなかで民謡調リートを取り上げた以下の村田の先行研究などが貴重である。
　　村田千尋「有節と通作――芸術リートの成立 その3――」『音楽学』（日本音楽学会）第30巻

2 号、1984 年、145-160 頁。

村田千尋「芸術リートの成立——その 4——民謡調リートと芸術リート」『音楽学』（日本音楽学会）第 31 巻 1 号、1985 年、52-65 頁。

3) 民謡を民衆啓蒙との関わりという視点で論じた研究としては以下の阪井の先行研究があるが、シュルツの『民謡調の歌曲集』に焦点を当てたものではない。
阪井「民衆啓蒙のなかの民謡」。
また、この歌曲集の音楽教育、特に学校音楽教育との関わりについては、例えば以下のような音楽教育の通史のなかで触れたものがある程度である。
Schipke, Max. *Der deutsche Schulgesang von Johann Adam Hiller bis zu den Falkschen Allgemeinen Bestimmungen (1775-1875)*, Berlin: Union Deutsche Verlagsgesellschaft, 1913, S.74-75.

4) Herder, Johann Gottfried. *Auszug aus einem Briefwechsel über Ossian und die Lieder alter Völker*, Paderborn: Druck und Verlag von Ferdinand Schöningh, 1773, S.6.

5) Ebenda.

6) Ebenda, S.9.

7) Schulz, a, a, O., Vorbericht.

8) ライヒャルトが作曲した多数の作品のなかにも民謡調の歌がたくさんあったことは、後年、民謡調の歌を集めて編集した『ミルトハイム歌曲集』にシュルツ以上に多くの歌が採用されていることからも明らかである。ただ、ライヒャルトの歌はシュルツのように「民謡調」ということを前面に押し出したものではない。シュルツの『民謡調の歌曲集』のほうが、その「序文」を読んでも民謡調の歌の理念を強調したものとなっているため、本章では、シュルツの歌曲集に焦点を当てた。

9) ここで言う「愛」というテーマ設定はいわゆる恋愛のことで、家族愛や母性愛とは分けて考えた。

10) ベルリン・リート楽派のリート観については、以下の文献にわかりやすくまとめられている。参照：村田、前掲論文、1985 年。

11) Schulz, a.a.O., Vorbericht.

12) Ebenda.

13) Ebenda.

14) Kühn, a.a.O., S.23.　汎愛派の学校の音楽教育的特徴としては、民謡の重視とともに器楽の導入も挙げられる。

15) Walter, Georg. "Lieder in Musik gesetzt von H.G. Nägeli, Zürich, 1794, 1797, 1799", *Neujahrsblatt der Allgemeinen Musikgesellschaft in Zürich*, Nr.131, 1943, Nachwort.

18世紀後半のドイツにおける民衆啓蒙と音楽教育

資料2 ▶『民謡調の歌曲集』所収曲一覧

	曲名（日本語訳）	作詞者	メインテーマ	サブテーマ	節数	調	拍子	小節数	速度記号・発想標語
第1巻（1782年／第2版：1785年）									
1	An die Natur（自然に寄す）	Fr.L.Graf zu Stolberg	自然	−	3	Es	2/4	8	Sanft
2	Lied（歌）/2:Huldigung（信奉）	Hölty	宗教	自然	4	A	〃	10	Andantino
3	〃	Jacobi	〃	〃	〃	F	〃	12	Allegretto
4	Arete zu ihren Gespielinnen（彼らの幼なじみのアレーテ）	Oberbeck	愛	−	11	B	〃	6	Andantino
5	Schön Suschen（美しきズーシェン）	Bürger	〃	自然	6	〃	6/8	16	Allegretto
6	Herr Bachus（バッカス）	〃	宗教	芸術	12	D	4/4	8	Mäßig geschwind
7	Mailied eines Mädchens（少女の5月の歌）	Voß	自然	−	7	G(D)	6/8	12	Allegretto
8	Lied	Fr.L.Graf.zu.Stolberg	宗教	自然	3	E	4/4	9	In sehr gemäßigter Bewegung
9	Der Anger（牧草地）	Hölty	愛	〃	4	A	2/4	10	Allegretto
10	Des armen Suschens Traum（哀れなズーシェンの夢）	Bürger	〃	〃	8	a	6/8	8	Larghetto
11	Meine Wünsche（私の望み）	R...th. (Aus dem Voßischen Musenalmanach von 1781)	愛国	−	3	D	4/4 (6/8)	25	Mäßig geschwind (Munter/2:Lebhafter)
12	Schwanenlied（白鳥の歌）	Bürger	死	〃	〃	g	6/8	16	Beweglich, und sehr langsam
13	Cantilena potatoria	GUALTERUS de MAPES			5	C	2/4	〃	Con Brio
14	Zechlied（酒歌）	Bürger	酒	−	7	上と同一の旋律			
15	Einladung（招待）	Miller	自然	愛	4	F	6/8	8	Andantino
16	Lied	Voß	〃	〃	8	〃	〃	〃	Sanft
17	Der Abendbesuch（夕べの訪問）	v.Döring	愛	自然	7	A	〃	6	Munter
18	Tischlied（食卓の歌）	Voß	宗教	〃	6	D	4/4	14	In feyerlich langsamer Bewegung
19	Ständchen（セレナーデ）	Bürger	愛	〃	〃	G	2/4	18	Sostenuto und etwas langsam
20	Lied	Fr.L.Graf.zu.Stolberg	〃	〃	7	Es	〃	8	Affetuoso
21	Liebeszauber（恋の魔術）	Bürger	〃	−	8	A	〃	12	Lebhaft
22	Trost für mancherlei Thränen（さまざまな涙への慰め）*2版では28と逆	Oberbeck	宗教	〃	6	G	4/4	16	Gemächlich
23	Der Ritter und sein Liebchen（騎士と彼の恋人）	Bürger	愛	〃	変(9)	C(c)	2/4 (6/8)	30	Munter
24	Serenata, im Walde zu singen（森で歌うセレナーデ）*ソロ→2声→トゥッティ交互	Claudius	自然	宗教	通	F(d)	4/4(6/8)	125	Patetico(Allegretto, Recitativo, Fugato, Choral)
25	Seufter eines Ungeliebten（愛なき者のため息）	Bürger	愛	自然	4	B	3/4	8	Larghetto

41

第1部 18世紀後半〜19世紀初頭におけるスイス・ドイツの民衆の歌唱活動と音楽教育

No.	タイトル	作者							
26	Gegenliebe（愛に応える）	〃	〃	—	〃	〃	〃	〃	Affetuoso
27	Lied eines Unglücklichen（不幸せの歌）	F.S. (Aus dem Voßischen Musenalmanach von 1778)	苦悩	〃	3	d	4/4	17	Largo
28	Die Elemente（基礎）*2 版では22 と逆	Bürger	自然	宗教	13	D	6/8	13	feyerlich
29	Mailied/2:Maylied（5月の歌）	Hölty	〃	—	4	A	〃	8	Lebhaft
30	Der Sorgenfreie（のんき）	Oberbeck	人間	自然	6	〃	3/8	16	Sehr munter
31	Robert.Ein Gegenstück zu Claudius Romanze Phidele(ロベルト。クラウディウスのロマンツェ・フィデーレの対曲)	Bürger	物語	愛	12	Es	6/8	8	Andantino
31:2	Rundgesang	Voß	友情	酒	8	D(A)	4/4	20	Männlich froh
32	Das harte Mädchen（つらい少女）	〃	愛	自然	13	上と同一の旋律			
33	Apoll und Dafne（アポロとダフネ）	Hölty	宗教	〃	11	As	4/4	6	Gemächlich
34	Schwer und leicht（難しさと易しさ）	Gleim	〃	—	4	Es	2/4	23	Moderato
35	Das Milchmädchen（搾乳娘）	Voß	労働	自然	9	G	〃	10	Munter
36	Anselmuccio	Claudius	人間	—	通	A	6/8(4/4)	23	Allegretto(etwas langsam)
37	Vaterfreuden bei der Geburt seiner ersten Tochter（最初の娘の誕生のときの父の喜び）	v.Döring	喜び	〃	3	〃	6/8	14	Aeusserst vergnügt
38	Dat Stadläwen	Voß	〃	〃	8	B	4/4	12	Dütsch
39	Etliche Theater-Gesänge. Airs detaches de la Fee Urgele(2,3 の劇中歌。妖精ウルゲレの気のないアリア)	不詳	愛	人間	通	C(G,F)	3/8	147	Allegretto
40	無題	〃	〃	—	〃	G(D)	2/4	69	Larghetto grazioso
41	Aus Clarisse, oder das unbekannte Dienstmädchen（クラリッセ、あるいは名もなきメイドから）	〃	物語	人間	4	D	4/4	28	Mäßig geschwind (Munter)
42	無題	〃	人間	—	1	A	6/8	21	Moderato
43	〃	〃	愛	自然	4	f	〃	24	Andantino
44	〃	〃	苦悩	愛	2	g	2/4	20	Etwas langsam
45	〃	〃	愛	—	通	G	〃	92	Allegretto
46	〃	〃	〃	自然	変(2)	A	6/8	30	Andante
47	〃	〃	〃	〃	3	E	3/4	34	Allegretto
48	Liebetraut in Götz von Berlichingen（ゲッツ・フォン・ベルリッヒンゲンの愛する人）	〃	〃	—	通	G	3/8	77	Lebhaft

第2章

18世紀後半のドイツにおける民衆啓蒙と音楽教育

	第2巻（1785年）							
1	Täglich zu singen（日々、歌うこと）	Claudius	宗教	自然	9	F	6/4	10	Nicht zu langsam, und nachdrücklich
2	Phidile	〃	人間	愛	〃	B	6/8	8	Andantino
3	Robert. Ein Gegenstück zur vorgehenden Romanze	第1巻の第31曲の再掲							
4	Phidile, als sie nach der Copulation allein in ihr Kämmerlein gegangen war（フィディーレ。彼女が結婚後、一人で部屋へ行ったとき）	Claudius	愛	—	6	Es	6/8	8	Allegretto
5	Trautel（愛する人）	Bürger	〃	〃	3	B	4/4	20	Etwas lebhaft, und abgestossen
6	Die Mutter bey der Wiege（ゆりかごのそばの母親）	Claudius	母性愛	〃	4	F	6/8	8	Sanft
7	Heinrich der Vogler（鳥捕りのハインリヒ）	Klopstock	愛国	戦い	11	C	4/4	8	Muthig
8	Ein Lied um Regen（雨の歌）*A→B→A→B→2声	不詳	自然	—	通	c(g,f)	3/8	75	Langsam
9	Die Laube（あずまや）	Voß	〃	—	6	Es	3/4	8	Feyerlich
10	Des alten lahmen Invaliden Görgel sein Neujahrswunswch（年老いた体の不自由な傷病兵ゲルゲルの新年の願い）	Claudius	人間	宗教	12	B	4/4	〃	Schwerfällig
11	Vaterlandslied（祖国の歌）	Klopstock	愛国	人間	8	Es	2/4	12	Nicht geschwind; mit edelm Tonausdruck
12	〃	Claudius	〃	〃	7	〃	〃	10	Feurig, doch nicht geschwind
13	Reinweinlied（ラインワインの歌）	〃	酒	自然	9	〃	3/2	8	Stark und lebhaft
14	〃	上と同一の歌詞					〃		
15	Colette（コレッテ）	Perquin	愛	悲しみ	8	G	6/8	18	Larghetto
16	Romanze	André	人間	自然	通	C(G)	4/8	24	Geschwind
17	無題	Aus Zanny Wilkes	愛	悲しみ	8	f	2/4	8	Langsam
18	Hans	Burmann	人間	喜び	4	C	〃	16	Stark und lebhaft
19	Winterlied（冬の歌）	Bürger	愛	自然	〃	G	6/8	14	Allegretto
20	Reigen（輪舞）	Voß	踊り	—	7	D	4/4	12	Polisch
21	Der Knabe an ein Veilchen（スミレのそばの少年）	Oberbeck	愛	自然	6	A	2/4	16	Allegretto
22	Iris（アイリス）	Weiße	自然	愛	3	〃	〃	38	Etwas munter
23	Die Seligkeit der Liebenden（愛するものたちの至福）	Hölty	愛	自然	11	E	4/4	7	Larghetto amoroso
24	Elegie auf ein Landmädchen（田舎娘へのエレジー）	〃	死	悲しみ	8	e	〃	22	Etwas langsam, und im Baß fest angehalten
25	Veerlander Swier	Voß			4	G	〃 (2/4)	〃	Modig, awer nich to fir, as ju beleewt
26	Sie an ihn. Auf der Reise（彼女から彼へ。旅で）	Fr.L.Graf zu Stolberg	自然	愛	〃	H	2/8	10	Sanft

43

第1部

18世紀後半〜19世紀初頭におけるスイス・ドイツの民衆の歌唱活動と音楽教育

27	Rundgesang, nach der Geburt eines Knaben（男の子が生まれた後のルントゲザング）	〃	喜び	家族愛	6	E	4/4	17	Lebhaft
28	Der späte Frühling. Den 18ten April 1782（遅い春。1782年4月18日）	〃	自然	〃	〃	a	3/8	16	Andantino（Etwas Langsam）
29	Lied	Jacobi	〃	人生	〃	F(f)	2/4 (6/8)	13	〃
30	Wiegenlied（子守歌）	Fr.L.Graf zu Stolberg	母性愛	−	〃	〃	3/8	10	Sehr sanft und etwas langsam
31	Rundgesang	〃	自然	酒	7	C(G)	6/8	23	Mäßig geschwind
32	Heulied（干草の歌）	Voß	〃	−	9	F	2/4	10	Nicht zu geschwind
33	Frühlingsliebe（春の愛）	〃	〃	愛	変(4)	〃	2/4 (6/8)	20	Gemäßigt (Andantino, Etwas langsam und sanft, Langsamer und sehr sanft, stark und lebhaft)
34	Hochzeitslied（結婚式の歌）	〃	愛	祝い	9	G	4/4	14	Etwas lebhaft
35	Neujahrslied（新年の歌）*部分合唱	〃	宗教	−	6	Es(B)	〃	23	In mässiger Bewegung
36	Etliche Theater-Gesänge. Ariette de Rosine. Dans la Barbier de Séville（2,3の劇中歌。ロッシーニのアリエッテ。セビリアの理髪師より）	不詳	愛	自然	通	G(D,e)	6/8	93	Allegretto（Adagio）
37	Aus Clarisse oder das unbekannte Dienstmädchen	第1巻の第41曲の再掲							
38	無題	第1巻の第42曲の再掲（第2巻掲載のものは3節まであり）							
39	〃	第1巻の第43曲の再掲（強弱に若干の相違あり）							
40	〃	不詳	喜び	人間	3	B	6/8	16	Bäurisch lustig
41	〃	第1巻の第44曲の再掲（強弱に若干の相違あり）							
42	〃	第1巻の第45曲の再掲（トリル、強弱など若干の相違あり）							
43	〃	第1巻の第46曲の再掲							
44	〃	第1巻の第47曲の再掲							
第3巻（1790年）									
1	Täglich zu singen	Claudius	愛国	宗教	8	A	4/4	8	In marschmäßiger Bewegung
2	Phidile	Fr.L.Graf zu Stolberg	宗教	人間	12	C	〃	〃	Etwas Lebhaft
3	Robert. Ein Gegenstück zur vorgehenden Romanze	〃	愛	自然	5	G(D)	3/8	24	In sehr gemäßigter Bewegung
4	Phidile, als sie nach der Copulation allein in ihr Kämmerlein gegangen war	Voß	〃	〃	10	Es	4/4(3/4)	6	Langsam und mit Affekt
5	Trautel	上と同一の歌詞				〃	2/4	8	Sanft
6	Die Mutter bey der Wiege	不詳	母性愛	−	3	〃 (B)	4/4	16	Gemäßigt
7	Heinrich der Vogler	Agnes, Fr.L.Graf. zu Stolberg	〃	〃	6	〃	3/8	〃	Sanft

第2章 18世紀後半のドイツにおける民衆啓蒙と音楽教育

8	Ein Lied um Regen *A→B→A→B→2声	Claudius	〃	〃	12	F	6/8	8	〃
9	Die Laube	Bürger	〃	〃	5	G	2/4	10	Sehr munter
10	Des alten lahmen Invaliden Görgel sein Neujahrswunswch	Claudius	家族愛	〃	3	〃	4/4	8	Hausmütterlich lebhaft
11	Vaterlandslied	Voß	愛	自然	5	C	6/16	16	Lebhaft und kurz
12	〃	〃	自然	愛	7	a	6/8	10	Andantino
13	Reinweinlied	Bürger	愛	自然	11	A(E)	2/4	12	Etwas Lebhaft
14	〃	〃	人間	−	3	〃	〃	16	Etwas langsam
15	Colette	〃	愛	自然	8	e	6/8	10	Lebhaft, doch nicht zu geschwind
16	Romanze	Claudius	死	〃	5	〃	6/4	6	Feyerlich
17	無題	R.Schmidt	愛	自然	変(8)	a	3/8	12(24)	Sanft, doch nicht zu langsam
18	Hans	v.Zalem	自然	愛	5	E	2/4	14	Munter doch nicht zu geschwind
19	Winterlied	Fr.L.Graf. zu Stolberg	〃	宗教	7	a	〃	23	Gemäßigt
20	Reigen	〃	宗教	物語	10	E	3/8	16	Mäßig lebhaft
21	Der Knabe an ein Veilchen	Par M.de Sancigny	苦悩	愛	変(5)	a	4/4(9/8)	12	Tristement
22	Iris	Voß	愛	−	4	E(H)	〃	16	Etwas langsam
23	Die Seligkeit der Liebenden	Schubart	祝い	喜び	5	F(C)	2/4	〃	Mäßig lebhaft
24	Elegie auf ein Landmädchen	Claudius	人間	自然	8	c(G)	4/4	8	〃
25	Veerlander Swier	Voß	酒	−	〃	D(A)	〃	17	Etwas lebhaft
26	Sie an ihn. Auf der Reise	Fr.L.Gr. zu Stolberg	自然	愛	5	G	2/4	12	Lebhaft
27	Rundgesang, nach der Geburt eines Knaben	Voß	〃	〃	7	E	6/8	〃	Munter
28	Der späte Frühling. Den 18ten April 1782	〃	〃	〃	8	A	3/8	15	Andantino
29	Lied	Shakespear, Nach Eschenburgs Ueobersetzung	〃	〃	4	E	6/8	13	Allegretto
30	Wiegenlied	Voß	愛	自然	6	A	4/4	14	Etwas lebhaft
31	Rundgesang	上と同一の歌詞			〃		6/8	〃	Andante
32	Heulied	Voß	自然	−	9	fis	2/4	16	Gemäßigt
33	Frühlingsliebe	〃	労働	自然	7	G	4/4	〃	In etwas munter Bewegung
34	Hochzeitslied	〃	踊り	人間	〃	〃	〃	31	Nicht zu geschwind
35	Neujahrslied* 部分合唱	〃	〃	自然	〃	B	2/4(6/8)	16	Gemächlich(Lustig)
36	Etliche Theater-Gesänge. Ariette de Rosine. Dans la Barbier de Séville	〃	人間	〃	11	〃	4/4	17	Bauermarsch
37	Aus Clarisse oder das unbekannte Dienstmädchen	〃	労働	〃	7	G	2/4	12	Lebhaft
38	無題	〃	〃	〃	8	H	〃	10	Munter
39	〃	Bürger	〃	−	4	D	〃	〃	Hurtig
40	〃	Voß	〃	−	3	d	6/8	7	Etwas langsam

45

第1部 18世紀後半〜19世紀初頭におけるスイス・ドイツの民衆の歌唱活動と音楽教育

41	Die Bleicherin（色白の女性）	〃	人間	自然	9	G	〃	12	Munter, doch nicht zu geschwind
42	無題	不詳	自然	愛	5	e	3/8	16	Andante
43	〃	〃	〃	喜び	3	E(H)	6/8	〃	Etwas lebhaft
44	Freundschaftsbund（友人の集い）	Voß	友情	団結	10	A	4/4	13	Feyerlich
45	Die Geschichte von Goliath und David in Reime bracht（韻を踏んだゴリアテとダビデの物語）	Claudius	物語	宗教	7	B(d)	2/4	〃	Etwas lebhaft
46	Rundgesang, für die Treuen des Zirkels（会への忠誠のためのルントゲザング）	Voß	団結	友情	9	F	4/4	18	Lebhaft
47	Wiegenlied, einer unglücklichen Mutter（不幸な母の子守歌）	R.Schmidt	悲しみ	母性愛	3	f	6/8	12	Etwas langsam
48	Tafellied（食卓の歌）	Voß	酒	宗教	8	C	4/4(3/4)	23	Lebhaft
49	Als ich klein war, Nach Baggesen（私が小さかった時、バッゲセンによる）	C.F.Sander	人間	〃	9	Es	3/4	8	Andante
50	Rundgesang bey einer fünfzigjährigen Amts-Jubelfeyer（50周年記念祭の際のルントゲザング）	不詳	友情	酒	7	B	4/4	20	Mäßig geschwind
51	Abendlied（夕べの歌）	Claudius	自然	宗教	〃	F	〃	13	Sehr gemäßigt
52	欠落	―	―	―	―	―	―	―	―

注:1. 2:= 第2版　2. ―＝なし　3. 〃＝同上　4. 変＝変化を伴った有節形式　5. 通＝通作形式（劇中歌等含む）　6. 調の大文字は長調、小文字は短調　7. 調、拍子、速度記号等の（ ）は、曲の途中で現れるもの　8.＊（曲名欄）＝歌唱の形態（特に指示のあるもの）

第 3 章

18 世紀後半のスイスにおける民衆の歌唱活動にみる愛国運動の萌芽

　本章では、主として前の2つの章と同時代の18世紀後半のドイツ語圏スイスの民衆の歌唱活動に目を向ける。特に、当時スイスでよく歌われたというラヴァター作詞、シュミットリン作曲による『スイスの歌』に着目し、その音楽と歌詞の内容について詳細な分析を行う。そして、フランス革命のスイス・ドイツへの音楽的影響なども踏まえ、当時の民衆がどのような歌を歌っていたのかを明らかにすることを通して、18世紀後半の民衆の歌唱活動に、19世紀に興隆することとなる愛国的な合唱運動の萌芽がみられたのかどうか考察したい。

第 1 節　スイスにおける 18 世紀の民衆の歌唱活動

　公式な合唱団というのは、近代以前は教会合唱団しか存在しなかったが、18世紀後半頃から、非公式な、いわゆる合唱サークルと呼ばれるものが、気楽な、家庭的な雰囲気のなかで、いわば自然発生的に生じてきた。家庭的な集まりのなかで歌を歌うという行為は、市民達のささやかな楽しみであった。
　一方、農村地帯や山岳地帯では、都市部とはまた異なった合唱活動が行われていた。例えばスイスの山岳地帯では、「ランツゲマインデ」（Landsgemeinde＝直接民主政の集会）において、それぞれの地域の人々が、集会の挨拶代わりにそれぞれの地域に伝わる民謡などをお互いに歌い合うという風習がずっと続い

ていた[1]。そして集会が近づくと集まって集会に歌う歌を一緒に練習していたのである。

　そのようななかで18世紀も後半になると、古くから伝わる民謡とは別に、合唱サークルや人々の私的な集いで歌われる世俗的な曲が数多く作曲されるようになってきた。特によく歌われたのが、合唱リート（Chorlieder）とルントゲザング（Rundgesang）[2]である。前者は、17世紀以来ほとんど衰退していたが、「食卓のリート」として再びはやるようになり、19世紀の男声合唱への道を開き、後者も、集いの形式および社交上の意図をよく反映したものとなっている。

　そうした小サークルの静かで純粋な楽しみのための世俗的な歌は、ライヒャルトやヒラーらによって多数作曲されているが、18世紀にドイツで出された世俗的な歌のうち最も好んで歌われ、最も多くの歌をまとめた歌集の一つが、シュルツによる『民謡調の歌曲集』である。これについては前章で詳述しているが、そこに含まれている歌の歌詞は、自然を歌ったものや、母親や友人、恋人、家族など身近な人物を歌ったものが多く、人々の愛国心を高揚するようなものではない。一方、18世紀後半のスイスでは、ヴァルダー（Johann Jakob Walder, 1750-1817）、エグリ（Johann Heinrich Egli）、シュミットリンなど、チューリッヒ郊外のヴェツィコン（Wetzikon）出身の音楽家達が、ヴェツィコン楽派と称する流派を形成して当地の音楽界をリードしていた。当時スイスでは、3声体でピアノやオルガンあるいはチェロのような弦楽器の伴奏を持つ小品が好まれ、ヴェツィコン楽派の作曲家達もそのような小品を作曲して、時代のニーズに応えていた。

第2節　ラヴァター／シュミットリン『スイスの歌』(1769)の特徴

　しかしシュミットリンは、彼の最後の作品であるラヴァター作詞の『スイスの歌』において、それまでのスタイルから大きな変革を遂げている。つまりそれは通奏低音つきのリートとして書かれ、当時好まれていたコロラトゥーラや装飾音符を多用する手法を排し、一般の民衆にも親しみやすい素朴で明るい旋律を持つ作品となっている。具体的には、ほとんどの曲が長調の曲、しかも1

曲以外、すべて調号3つまでの長調であり、転調もほとんどない短い曲ばかりが収められている。また、『スイスの歌』の大きな特徴の一つは、ほとんどの曲の冒頭に、速度記号ではなく曲想を表す発想標語がつけられていることである。それが曲想をつかむ大きな役割を果たしていると思われる。明るく、激しく、生き生きとした、楽しくといった標語が多く書かれており、ほとんどが長調の曲であるということと合わせても、『スイスの歌』の旋律の全体的な特徴がうかがえるであろう。

　以下は、『スイスの歌』所収曲の歌詞の一例である。《スイス人》(Der Schweizer)というタイトルの歌で、スイス人とは何かということを歌ったものであるが、具体的な歌詞の内容は、次の通りである。

> Wer Schweizer! wer hat Schweizerblut?
> 誰だ、スイス人は！誰がスイス人の血をひいているのだ！
> Der, der mit Ernst und frohen Muth Dem Vaterlande Guthes thut;
> それは、まじめさと朗らかな勇気でもって祖国のためによい行いをする人である。
> In seinem Schooße friedrich ruht; Nicht furchtet seiner Feinde Wuth;
> 祖国の懐に抱かれて平穏に安らぐ。恐れるな、敵の狂暴を。
> In dem fließt reines Scweizerblut.[3]
> 君には純粋なスイス人の血が流れているのだから。

　このように、きわめて愛国的な色彩の強い内容の歌詞を持つ歌となっているが、『スイスの歌』は、そのタイトルからも明らかな通り、その歌詞内容はすべて何らかの形でスイスに関わるものであり、したがってこの歌集全体の根底にあるテーマは、スイス＝愛国である。筆者は、『スイスの歌』の歌詞についても、スイスの何を歌ったものであるのか、1曲ずつ歌詞の分析を行った。その結果、歌詞は大きく次の4つに分類されることがわかった。すなわち、戦い、人物（スイス人）、団結、その他である。最も多いのが戦い（勝利も含む）に関する歌で、全41曲中17曲（全体の約41.5％）であるが、そのほとんどは、スイスの

18世紀後半〜19世紀初頭におけるスイス・ドイツの民衆の歌唱活動と音楽教育

歴史上の戦いのことを歌ったものである。続いて多いのが人物であり 13 曲（約 31.7%）あるが、人物はさらに英雄 4 曲（《ヴィルヘルム・テル Wilhelm Tell》等）、一般のスイス人 9 曲に分かれる。団結をテーマとする歌は 8 曲（約 19.5%）であるが、そこには協会、同盟等の組織の歌も含めている。このように『スイスの歌』は、スイスの歴史上の戦いを中心に、スイスの伝説の英雄や、ごく普通のスイス人を歌ったもの、スイス人としての結束を呼び掛けたものなど、そのすべてがさまざまな角度からスイスを歌ったものである。したがってその歌詞は、《あるスイスの聖職者の歌》（Lied eines Schweizerischen Geistlichen）、《あるスイス人の祈りの歌》（Gebetheslied eines Schweizers）のような一部の宗教的な内容の歌を除いてそのほとんどが世俗的な歌詞を持っている。

当時のスイスはまだ宗教的な歌詞を持つ歌が支配的であったため、この『スイスの歌』は、世俗的な歌詞を持つ歌が次々と作曲される契機となったと言える。このことからシュミットリンは、スイスにおける近代的な世俗歌曲の創始者とみなされている。『スイスの歌』は、版を重ねていることからも明らかなように、19 世紀に至るまで広く民衆の間で歌われ、スイス人としての意識や連帯感を芽生えさせる素地を作ったと評されている[4]。

第 3 節　フランス革命とそのスイス・ドイツへの音楽的影響

さて、近代の扉を開いた大事件といえば、それは言うまでもなくフランス革命である。周知の通りフランス革命は、「自由」「平等」「友愛」をスローガンに、アンシャン・レジーム（Ancien Régime）と呼ばれるそれまでの封建社会、身分制社会を打破し、近代的な市民社会の実現をめざしたものである。このフランス革命の時代には、革命の精神である自由、平等、友愛を直接歌ったもののほか、革命の英雄をたたえるもの、革命のための戦いを鼓舞するものなど、いろいろな歌が生まれた。まさに人々が革命の精神をより強くし、絆を深めるために合唱、歌が使われたと言える。現在、フランス国歌となっているルージュ・ド・リール（Rouget de L'isle, 1762-1836）による《ラ・マルセイエーズ》（La Marseillaise）はあまりにも有名であるが、他にも、1793 年に行われた理性

の祭典のためにメユール（Étienne-Nicolas Mèhul, 1763-1817）が作曲した《理性の讃歌》（Hymne à la Raison）、第2の《ラ・マルセイエーズ》とも言われる《出陣の歌》（Chant du dèpart）、革命のシンボル「自由の女神」の除幕式のためにゴセック（François Joseph Gossec, 1734-1829）が作った《自由の女神の歌》（Hymne à la sttue de la Libertè）など [5]、数多くの歌がこの時期に作られている。

　フランス革命は周知の通り、その後、ナポレオン（Napoléon Bonaparte, 1769-1821）によるスイスやドイツへの侵攻へと続き、各国を戦争に巻き込むことになる。こうしたことは、スイスやドイツなどの民衆に自分の国を守らなければという意識を生じさせ、彼らの愛国心を高揚することとなった。そのことが、18世紀までのごく内輪の家庭的な合唱サークルや素朴な民衆達の地域限定の歌の集いを、大規模な合唱団へと変貌させる一因になったと考えられる。すなわち、みんなで心を一つにして歌うという合唱の特徴が、多くの人々を合唱に惹きつけたと言えるのではないだろうか。

　ドイツにおいて、小さな合唱サークルが大きな合唱団になったきわめて典型的な例として、ベルリン・ジングアカデミー（Singakademie zu Berlin）を挙げることができる。19世紀初頭には、ベルリンの他にも、ヴュルツブルク、ライプツィヒ、ミュンスターなどドイツ各地に合唱団が設立された。それでも19世紀初頭の頃はまだ、直接、愛国を歌うということは少なく、大人数で大合唱をすることで人々の連帯感に訴えるという程度にとどまり、ヘンデル（Georg Friedrich Händel, 1684-1759）の《メサイア》（Messiah）やハイドン（Franz Joseph Haydn, 1732-1809）の《四季》（Die Jahreszeiten）、《天地創造》（Die Schöpfung）などのオラトリオのような宗教的な歌詞を持つ規模の大きな混声合唱曲がよく歌われていた [6]。

　一方、ドイツでこのように合唱運動が盛り上がりつつあった19世紀初頭、スイスではネーゲリが、1805年に「チューリッヒ歌唱協会」（Das zürcherische Sing-Institut）を設立する。これは、最初は混声合唱団として出発したが、1810年に男声合唱の部門を設けてから大きく発展した。そしてネーゲリの男声合唱の活動が契機となって、1820年代以降、スイスにたくさんの男声合唱団が設立され、それらの合唱団が合同で大規模な合唱祭を催すようになったのである [7]。

18世紀後半〜19世紀初頭におけるスイス・ドイツの民衆の歌唱活動と音楽教育

このようにスイス・ドイツにおける18世紀の素朴な民衆の歌唱活動は、フランス革命という歴史的な大きな契機を経て、19世紀の大規模な合唱運動へと展開していくことになるのである。

第4節　18世紀後半の素朴な歌唱活動にみる愛国運動の萌芽

　18世紀後半のスイス・ドイツでは、シュルツやシュミットリンらによって数多くの新しい世俗的な歌が作られ、それらが人々の間でよく歌われていた。それらの歌は、転調もほとんどなく、順次進行の多い歌いやすい和声と旋律を持つ短い歌が多く、きわめて単純な作りであったため、音楽的な素養のない民衆でも簡単に歌うことができるものであったと言える。当時の世俗的な歌にはまだ、シュルツの『民謡調の歌曲集』のように身近な人々や自然を歌ったものが多いが、そのなかでシュミットリンの『スイスの歌』は、この時代にすでに愛国的な内容を歌ったものとして特筆に値する。この『スイスの歌』は、1769年の初版から17年後の1786年にはすでに第3版が出されており、当時のスイスでいかによく歌われていたかがうかがえる。『スイスの歌』が作られたこの時代のスイスでは、人々はまだ狭い地域のなかで生活していたが、そうしたなかでも一部の有識者達は、地域の枠を越えてスイス全体のことを考える政治結社「ヘルヴェティア協会」(Die Helvetische Gesellschaft) を作るなど[8]、フランス革命前夜とも言える時代を反映し、人々は、自らが住んでいる地域から国を意識し始めるという過渡期にあったと言える。『スイスの歌』が広く歌われたのは、その単純で明るい旋律とともに、スイス人としての意識を呼び覚ますような歌詞内容が、国を意識し始めた人々の心を大きくとらえたからであると言えるであろう。

　『スイスの歌』はまた、ペスタロッチが1774年にノイホーフ (Neuhof) に貧民学校を設立し、本格的な教育活動をスタートさせた直後の1775年に、自分の生徒達のために取り寄せたものでもある[9]。この『スイスの歌』は、ブルクドルフ (Burgdorf) の学園 (1800-1804) でも歌われていたとする複数の報告もあり[10]、取り寄せてから20数年経ってもまだ歌わせていたことから、彼が『スイスの歌』を相当に気に入っていたことは明らかである。彼がそれを気に入ったのは、当

18世紀後半のスイスにおける民衆の歌唱活動にみる愛国運動の萌芽

時スイスでそれが広く歌われたのとほぼ同じ理由で、その単純で素朴な旋律とともに、歌詞の内容が、「音楽の教育的効用は、国民感情を高揚させる」[11]ことであるとするペスタロッチの教育観に合致していたからであると言えよう。

これまでの考察から明らかな通り、18世紀後半の民衆の歌唱活動は、身近な人々や地域の人々が集まって歌を歌うというきわめて素朴なものであり、それはまだ、愛国運動と言えるものではない。しかし、本章で具体的に取り上げたような素朴な、誰でも簡単に歌うことのできるような旋律を持つ世俗的な歌が18世紀後半にたくさんできたことで、民衆の生活に歌がより身近になり、そのことが、19世紀の合唱運動を準備する働きをしたと言える。とりわけ、『スイスの歌』のような愛国的な歌詞を持つ歌が広く歌われるようになったことに、19世紀の合唱運動が愛国運動と結びつく萌芽がみられると言えるであろう。

註

1) Dietel, Heinrich. *Beiträge zur Früh-Geschichte des Männergesanges,* Würzburg: Buchdruckerei Richard Mayr, 1939, S.50-51.
Kötzschke, Richard. *Geschichte des deutschen Männergesanges hauptsächlich des Vereinswesens,* Dresden: Wilhelm Limpert-Verlag, 1927, S.65.

2) Rundgesang は、多くの独和辞典で「輪唱」と訳されている。輪唱というのはいわゆるカノンのことであるが、それに対して Rundgesang は、詩節の部分をソロ（またはソリ）が、リフレインを合唱が歌うという形態の歌であり、したがって輪唱とはまったく異なるものである。　　Vgl. Engel, Hans. "Rondeau-Rondo", *MGG*, vol.11, 1963, Sp.876.
このような形態を持つ Rundgesang にふさわしい訳語がないため、筆者はそのままルントゲザングとしている。

3) Schmidlin, Johannes. *Die Schweizerlieder mit Melodien*, Zürich: bey David Bürkli, 1786［初版：1769］, S.34.

4) Budry, Paul (hrsg.). *Die Schweiz, die singt: Illustrierte Geschichte des Volksliedes des Chorgesanges und der Festspiele in der Schweiz,* Erlenbach bei Zürich: Eugen Rentsch Verlag, o.J., S.154-155.

5) ここで取り上げた曲は、すべて以下のCDに収録されている。
Révolution Française, EMI Pathé Marconi S.A., CDC 7 49470 2, 1988.

6) 当時のオラトリオの盛況ぶりについては、以下の文献に詳しい。

西原稔『聖なるイメージの音楽——19世紀ヨーロッパの聖と俗——』音楽之友社、1990年。（特に、28-35、84-91頁参照）

7）19世紀前期のスイスにおける男声合唱運動の興隆について筆者は、別稿において詳細に論じている。
関口博子「H.G. ネーゲリとスイスの男声合唱運動——19世紀前期スイスにおける音楽と社会の一側面——」『音楽学』（日本音楽学会）第47巻第1号、2001年、27-39頁。

8）ジリヤール、シャルル『スイス史』江口清訳、白水社、1987［初版：1954］年、62頁。

9）Nolte, Eckhard. *Die Musik im Verständnis der Musikpädagogik des 19. Jahrhunderts*, München: Schöningh, 1982, S.40-41.

10）Morf, Heinrich. *Zur Biographie Pestalozzi's*, Bd.2, Osnachbrück: Biblio, 1966［初版：1885］, S.201. 玖村敏雄『ペスタロッチーの生涯』玉川大学出版部、1948年、153-154頁。

11）ペスタロッチ、ヨハン・ハインリッヒ『幼児教育の書簡』田口仁久訳、玉川大学出版部、1983年、127頁。

第4章

18世紀後半〜19世紀初頭の教育思想と音楽教育
――思想家・教育家達の著作の検討を通して――

　本章では、18世紀後半から19世紀初頭にかけての著名な思想家や教育家達の著作の検討を通して教育思想を音楽教育とのかかわりから考察する。具体的には、ルソー、ペスタロッチ、実際にペスタロッチ主義によって学校音楽教育の改革を推し進めたネーゲリやナトルプらの音楽教育家、彼らとほぼ同時代に生き、「美」という広い視野から教育について考えたシラーらの著作の検討を通して、近代スイス・ドイツの音楽教育と歌唱活動の思想的基盤を探りたい。

第1節　ルソーの音楽観とそのドイツへの影響

1.『言語起源論』にみるルソーの音楽観

　ルソーは、『人間不平等起源論』（Discours sur l'origine et les fondements de l'inégalité parmi les hommes）や『社会契約論』（Du contrat social, ou principes du droit politique）などを著して、フランス革命にきわめて大きな影響を与えた人物としてよく知られている。また彼は、今日でも教育の古典的名著とされる『エミール』を著し、教育史においてもその重要性が認められている。一方、ルソーは音楽家でもあり、作曲や『音楽辞典』（Dictionnaire de musique）の作成、数字譜の考案など、多くの音楽的業績も残している。さらにルソーは、『言語起源論』（Essai sur l'origine des langues）のなかで音楽と言語との関係について論じてお

り、そこに彼が音楽をどのようなものととらえていたのかをうかがわせる記述がある。すなわち彼は、次のように述べている。

> 音をそれがわれわれの神経の中にひき起す震動からのみ考察しようとする限りは、音楽の原理をつかむことも、音楽の心情に対する力をつかむこともまったくないだろう。旋律の中の音は単に音としてではなく、われわれの情愛や感情の記号としてわれわれに働きかける。かくして音はその表現する心の動きをわれわれの内にひき起こし、われわれはそのイメージをそこに認識するのである。[1]

つまり音楽は、単なる音の震動ではなく、それを通して我々の心にある感動やイメージをひき起こすものとルソーは考えていたのである。そしてまた、「絵画が視覚にとって感じのよいようなやり方で色彩を組み合わせる術ではないのと同様に、音楽もまた、聴覚にとって感じのよいやり方で音を組み合わせる術ではない」[2]と述べ、「歌でさえも、快いだけでなにも語っていなければ、聞く人を倦きさせてしまう。なぜならば、耳が心に快楽をもたらすというよりは、心が耳に快楽をもたらすからである」[3]として、音楽は耳からではなく心から人に感動を与えなければならないものであると主張している。すなわち彼は、音楽は音を対象にした物理的なものではなく、音の快い構成の響きでもなく、それは心から美的な感情やイメージがわきだすようなものであるべきだという見解を持っていたと言える。そしてルソーは、旋律について次のように述べている。

> 旋律は、音声の抑揚を模倣することによって、嘆きの声、苦しみや喜びの叫び、脅し、うめき声を表わしている。情念の音声的な記号はすべて、旋律の領域に属している。旋律は言語のアクセントと、魂の動きに対するそれぞれの固有な語法の中にあこった言い回しとを模倣する。それは単に模倣するだけではなく、語りかける。そして音の区切りははっきりとしていないが、生き生きとして激しい、この情熱的な言語は、

話し言葉そのものよりも百倍もの力を持っているのである。ここから音楽的模倣の力が生れ、ここから感じやすい心に対する歌の支配力が生れるのである。[4]

そしてまたルソーは、旋律の重要性を強調するためにも絵画を例に出している。

> [絵画の——引用者]色彩に生命や魂を与えるのは、デッサンであり模倣である。それらの色彩が表現する情念こそは、われわれの情念を感動させるものであり、色彩が表わす事物こそはわれわれに作用するのである。興味と感情は少しも色彩にはかかわりがない。人に感動を与えるあの絵の輪郭は、版画の場合さらにわれわれを感動させる。その絵からその輪郭を取り除いてみるがよい。色彩はもはやなにものをも与えないだろう。
>
> 音楽において旋律が果すものは、まさに絵画においてデッサンが果すものと同じである。[5]

すなわちルソーにとって旋律は、音楽の生命であり、魂であった。なぜルソーがそれほどまでに旋律を重視していたのかと言えば、それは彼が、音楽は人間の文明や文化が発展していくなかで言語から分離したものであり、人間の情念の抑揚が旋律であると考えていたからである[6]。

2. ルソーにおける音楽（教育）の意味

以上のことから明らかな通り、ルソーは、音楽を言語と同様、人間のコミュニケーションの一環ととらえ、特に感情や情念といった人間の心のコミュニケーションを担うものとして重視していた。したがって音楽は、人間の社会生活に欠かせないものであり、それは単に芸術としての特定の域にとどまらず、広く日常生活に浸透し、心の会話として生き続けるものでなければならなかったのである。よって、ルソーにとって重要な音楽は、複雑な芸術音楽ではなく、

ごくごく単純な旋律を持つ音楽であった。だれもが容易に理解し、表現できる単純な音楽によってこそ、心の直接的な交流が可能になる、とルソーは考えていたのである。こうした彼の考えは、彼の音楽教育観にもつながっている。

　ルソーは、『エミール』のなかで聴覚教育という視点から音楽教育について論じている。分量としてはわずか3頁足らずのものであるが、音楽教育の基本的な問題が提示されていて非常に興味深いものである。ルソーは、子どもは「自分に理解できないことに調子をだしたり、いちども経験したことのない感情に表現をあたえたりすることはできまい」[7]として、「その年ごろの子どもにとって興味ある、単純な、かれの観念と同じように単純な歌」[8]がふさわしいと述べ、子どもに理解できる単純な歌を与えるべきであるとしている。ここに、単純な旋律を持つ音楽こそ重要であるという彼の音楽観と、子どもを主体にした彼の教育観がともに現れているのである。

　ではルソーは、彼のめざすべき理想の社会において音楽はどのような位置を占めるものと考えていたのであろうか。ルソー研究者として知られる桑原武夫（1904-1988）は、「心からのまじわり、それらの可能な共同体、それをコミュニオンと呼ぶならば、ルソーの一貫し求めたのはそこにあった」[9]と述べ、ルソーの思想の深層に、人間同士の心の触れ合いによって成り立つコミュニオン＝共感共同体があったと解釈している。そうしたルソーの人間観の根底には、次のような彼の考え方があったと言えるであろう。

　　　人間の魂の最初のもっとも単純な動きを考察するとき、理性に先立つ二つの原理が認められるように思われる。一つはわれわれの安楽と自己保存に対して強い関心を抱かせ、もう一つは、感情を持ったあらゆる存在、主にわれわれの同類が死んだり苦しんだりするのを見ることに対して自然な嫌悪感をかき立てるのである。[10]

　彼は、『人間不平等起源論』のなかでこのように述べ、人間愛・同胞愛に燃えていることをうかがわせている。ルソーにとって、人間愛を中心にしたコミュニオンの形成は、彼の社会理論の中核であり、また彼の目標でもあった。そう

した彼の考え方のなかで音楽は、人間愛を心に響かせ、最も直接的に心から心にコミュニケートできる唯一のものであり、コミュニオン形成に最も大きな働き手として欠かすことのできない重要なものであったと言えよう。

　ルソーが『エミール』のなかで音楽教育の重要性に言及し、音楽が人間の教育にとって重要だとする考え方も、数字譜の考案も、そして単純な音楽を好んだのも、こうした彼の思想の現れであり、そこには深く人間同士の結びつきに対する思想が刻み込まれていたとみなされるであろう。

3．ルソーの思想のドイツへの影響

　ルソーの政治思想や社会思想がフランス革命の思想的なベースになった一方、彼の教育思想や音楽思想は、ドイツの思想家達に多大な影響を与え、ドイツにおいてもまた、フランス革命前後から啓蒙思想が広まった。人間の理性を啓蒙することによって人間生活の向上をめざそうという啓蒙思想の考え方は、人間精神の重大な変化を意味し、人間の尊厳という観念をいっそう深いものとしている。そして、人間のもともと持っている力や素質に注目が集まるようになり、感情の力が悟性や理性の力と同じ価値を持つものと考えられるようになった。

　人間の本質についての見方が変わったことで、教育の目的も変化してきた。すなわち、フランス革命以前には、人間は、貴族のような特権階級と農民、職人といった非特権階級とに分けられており、それに応じて教育も、身分やそれぞれの職業に応じた教育がなされていたが、フランス革命後には身分別の教育ではなく、身分や将来の職業に関係なく人間の持つあらゆる力を発達させることが教育の目的となった。すなわち、真の人間、高貴な人間性に向かって精神と心のすべての素質を調和的に発達させることが、新しい教育の目的となったのである。

　そうしたなかで音楽は、人間が生み出したものであり、音楽的能力は、生まれながらにしてすべての人間に備わっているという考え方が、18世紀末頃の特にドイツで広まるようになった。つまり音楽は、人間の精神生活の一つの表現形式として現れたもので、個人の心の動きのなかにその根源を持っているという考え方である。例えばミヒャエリス（C.F. Michaelis）は、「すべての健康な

子どもには、歌に対する素質と楽音を把握し、区別する素質、つまり音楽へのいくらかの基礎が備わっていると考えられる」[11]と述べ、よって、「子どもの魂のなかにある歌や音楽に対する感覚と能力」[12]を呼び覚まし、育成しなければならないとしている。またヘルダーは、「人間の心を動かす第一の美しい芸術、つまり天からのありがたい贈り物である音楽は、すべての人間の心に話しかける。それは、舞踊とともに地上における自然の普遍的な喜びの祭典である」[13]と音楽の本質を解釈している。つまり音楽は、人間の心を動かし、人間の心に語りかけるものであるというのである。こうした考え方は、やはりルソーの考え方を受け継いだものであると言えるであろう。

さらにフレーベルは、歌は「人間の魂と心との形成に至る道」[14]であるとして、人間の心と歌とがいかに深く結びついているのかということを次のような言葉で示している。

> 歌、人間に与えられたこの最高の天の贈り物は、人間の本質の純粋な表現である。歌は心から出て、心へと向かう。歌は魂の最も卓越した育成手段であり、心の本来の教化手段である。したがって、教育においては歌に対する若い心の鍛練に最大の綿密さがはらわれるべきなのである。…(中略)…人間の魂や心は歌によって形成される。心の感受性や感情は、歌によって伝わり、歌を通してその最も深い本質から現れ出る。[15]

フレーベルは、ルソーやヘルダーのように音楽が心のコミュニケーションの手段であるということからさらにもう一歩踏み込んで、音楽は、心の教化手段であると述べ、音楽が心の教育にとってもとても重要であるという考えを明確に打ち出したと言えよう。

第2節　ペスタロッチの音楽観・教育観とそのドイツへの影響

1. ペスタロッチの音楽観・教育観

一方、同時代のスイスに目を転じると、18世紀末から19世紀初頭にかけて

18世紀後半〜19世紀初頭の教育思想と音楽教育

の教育の世界には、段階教授や直観教授などのメトーデを通して現代へとつながる近代教育を導いたペスタロッチがいた。ペスタロッチは音楽家ではなかったが、人間に与える音楽の重要性についてはきわめて深く認識していた。

では、ペスタロッチが理想としていた音楽とはどのようなものだったのであろうか。それは、彼の次の言葉により明らかとなる。

> すべての人間の心に語りかけるのは、素朴で自然ににじみ出る旋律の美しさである。太古から、祖国の谷間で歌い継がれてきた私達の国民的旋律は、私達の歴史の最も輝かしい時期と家庭生活が最も親愛の情に満ちていた時期との思い出に溢れている。[16]

太古から祖国の谷間で歌い継がれてきた私達の国民的旋律というのが具体的にどういう音楽のことをさすのかということまでペスタロッチは述べていないが、それを彷彿とさせる歌が、前章で取り上げたラヴァター／シュミットリンの『スイスの歌』であろう。先述の通り、20年の歳月を経ても子ども達に歌わせており、ペスタロッチがいかに『スイスの歌』を気に入っていたかがうかがえる。

そしてペスタロッチは、人間の諸能力の調和的発達を彼の教育思想の基本理念としていた。そのことは例えば、「人間の諸能力が、他の犠牲において一つが優勢になるように開発されてはなりません」[17]とか、「人間の全能力の発達と、活動していないかれの全精力の喚起とが教育の正しい方針に従わされるべきである」[18]などと述べていることによく現れている。この人間の諸能力の調和的発達には、「全能力」と「全精力」という言葉からも明らかな通り、身体の能力だけではなく、精神的なものも含んでいる。そのことは、彼の次の言葉からいっそう明らかとなる。

> 多くのことを知っている人は、他のすべての人以上にいっそう手際よく、心身の合一［知行の合一］へ、彼の学識と彼の環境との調和へ、さらには彼のあらゆる精神の諸力の均衡のとれた発達へと導かねばなりませ

ん。…（中略）…私が重視したのは、私達の本性と私達の最初の環境とによって生み出される精神の諸力のこの調和が、人間の技術の誤りによって損なわれてはならないということです。[19]

また彼は、「メトーデによって私は敬神と人間の本性を統合し」[20]、「さらに自然の素材の異質と思われる諸要素を、調和を通して自分の目的を完成するために、自己自身のもとに統一するのです」[21]とも述べている。

なおペスタロッチは、彼のメトーデの根幹をなす直観教授について論じるなかで、音楽（唱歌）について、「実際の唱歌は、曖昧な直観から明晰な概念に達する手段、つまり私がいま論じている教授手段とはみなしがたく、むしろ他の観点により、他の目的にしたがって発展されなければならない技能とみなされうる」[22]と述べている。他の目的が何かということについてまで彼は言及していない。しかし、『幼児教育の書簡』(Letters on early education)においてペスタロッチは音楽を、「道徳教育に対する補助のなかで最も感情的なものの一つ」[23]として位置づけており、「音楽の教育的効用は、国民感情を高揚することである」[24]とも述べている。つまり彼は音楽について、直観教授の手段ではなく、また音楽それ自体の芸術的価値でもなく、むしろ音楽の持つ多様な作用や機能に着目し、他の教育目的と重ね合わせることでその意義を評価していたと言えるであろう。

2. ドイツの教育家達にみるペスタロッチの影響

ペスタロッチの教育思想とそのメトーデ、ならびにプファイファー／ネーゲリの『唱歌教育論』は、当時のドイツの学校音楽教育にも多大な影響を及ぼし、ドイツにおいてペスタロッチ主義による学校音楽教育の改革を促進したことは周知の通りである[25]。プロイセン教育改革期にペスタロッチ主義による学校音楽教育の改革を推進した最も重要な人物は、ナトルプである。彼は、音楽教育のみならず初等教育の改革にも中心的に携わっていた人物で、シューネマン（Georg Schünemann, 1884-1945）が、「彼［ナトルプ——引用者］によってペスタロッチ主義の方法と理念がドイツのすべての学校教師の所有となった」[26]と

18世紀後半～19世紀初頭の教育思想と音楽教育

評している通り、ナトルプは、多くの学校教師に対して大きな影響力を持っていた人物である。彼は、自身の唱歌教本『民衆学校教師のための唱歌指導の手引き』(Anleitung zur Unterweisung im Singen für Lehrer in Volksschulen, 1813/18)——以下、『手引き』と略称——のなかで、「単一のものから統合されたものへ、易しいものから難しいものへという段階づけを教授や練習の際に取り入れなければならない」[27]と述べ、ペスタロッチ主義の踏襲をうかがわせる発言をしている。

個々のものからスタートし、それを統合へと導くというのは、まさにペスタロッチ主義の方法そのものである。さらにナトルプは、「音楽は、…（中略）…彼ら［民衆——引用者］の宗教礼拝、国家の体制、市民的秩序、日常生活の組織、…（中略）…民衆性（民族性：Volkstümlichkeit）を守るあらゆる措置ときわめて密な関係にある」[28]とも述べ、音楽が宗教や国家、生活と密接に関連し合うものであるとしている。このように、音楽が宗教や国家の体制などと結びつくという考え方は、音楽の持つ多様な作用や機能に着目しているものであると言えるであろう。

ナトルプ以外にも、ペスタロッチやネーゲリの影響を受けた教育家達がドイツにはたくさんいる。アメリカのローウェル・メーソン（Lowell Mason, 1792-1872）の『ボストン音楽アカデミー手引書』（Manual of the Boston Academy of Music）のもととなった教本『学校における唱歌指導の手引き』（Anleitung zum Gesang = Unterrichte in Schulen）を書いたキューブラー（G.F. Kübler）は、「学校教育の課題はそもそも、子どものあらゆる素質と能力を調和をもって発達させ、陶冶することである。したがって音楽的素質も自然に合致した方法で刺激され、発達・陶冶され、能力にまで高められなければならない」[29]と述べている。他にもヒーンチュ（J.G. Hientsch）など、多くのドイツの教育家達が人間の諸能力の調和的発達を説いており[30]、ペスタロッチの思想を踏襲していることがうかがえる。

第3節　ネーゲリの音楽観と音楽教育観

1. ネーゲリの直観の概念

　ペスタロッチ主義の音楽教育家で、唱歌教師のプファイファーとともに『唱歌教育論』を作成したネーゲリは、ペスタロッチと同様、人間の諸能力の調和的発達を唱えており、その中心に音楽を置いていたことがうかがえる。ネーゲリは、ペスタロッチに非常に共感を覚えてその音楽面での協力者となったのであるが、彼がペスタロッチに共感を覚えた最も大きな要因は、直観の概念にあると言われている。ペスタロッチの直観教授とは、実物教授とも呼ばれている通り、文書の暗唱など、頭ごなしに物事を覚えさせていくというそれまで主流だった方法に対して、まず、対象となるものの実物を見たり触ったりして直接感覚で感じてから、それについての解説なりを与え、知的に理解していくという方法である。ペスタロッチにとって直観とは、すべての認識の基礎であり、直観教授は彼の教育原理の中心をなすものであった。

　一方、ネーゲリにとっても直観は、きわめて重要な概念であった。ペスタロッチが人間の諸能力の調和的発達を提唱したように、ネーゲリも、人間を数多くの能力から成り立つ統一体ととらえ、それを"Organismus（有機体）"あるいは"Organisation（組織体）"と呼んでいる。ネーゲリによるとこのOrganismusは、調和と不可分性を特徴とし、個々の"Organ（器官）"を構成要素としながらも全体として有機的な組織体となっているものである。そこには、人間の身体的なものだけでなく、人間の心に関わるもの（Das Seelische）や精神的なもの（Das Geistige）も含んでいる[31]。最も重要な身体的でない能力は、精神（Geist）、直観能力（Anschauungsvermögen）、感情能力（Gefühlsvermögen）の3つである。このうち精神をネーゲリは、理性、悟性、数学的能力、言語能力に属するものととらえ、直観能力と感情能力が、心の生活をつかさどるものであるとしている[32]。ネーゲリによると直観とは、外の現象に向かって能動的にそれを把握する人間の心の能力のことであり、ネーゲリはそれを「精神的直観」（geistige Anschauung）という言い方もしている。一方、感情能力とは、外の世界に対して純粋に受容的な関わり方をする受動的な心の能力のことである。それで人

間の心は外の世界に対して二重の相互関係のうちにあることになるが、「空間の形式のもとでは直観能力が、時間の形式のもとでは私達の感情能力が展開する」[33]として、ネーゲリは基本的にこの両者は別種のものと考えていた。

さらにネーゲリは、人間だけでなく国家や芸術作品もそれぞれ独自のOrganismusを有しているとしている。ネーゲリは音楽を「音と音列を規則にのっとって一つの全体に集め、結びつけたもの」[34]であると考えていたので、諸音（＝Organ）によって構成されている統一体が音楽作品であり、Organismusとなるのである。

ネーゲリは、人間のOrganismusを構成する最も重要な知的・心的Organとして、直観能力を挙げている。ここに、ネーゲリがペスタロッチと結びつく必然性があったと言える。ネーゲリの音楽思想について詳細な考察を行ったハッサン（Ismail Izzet Hassan）によれば、ネーゲリの考える直観能力とは、現象に向かいそれを把握する能動的な能力であり、感覚的な知覚とそれに結びついた認識を含み、ある対象を直観的に統一ある全体として把握する能力である[35]。ネーゲリは、前述の通り、諸音によって構成されている統一体が音楽作品であると考えていたので、音楽を直観教授の手段とはみなしがたいと考えていたペスタロッチとは異なり、音楽こそまさに直観能力を働かせる芸術と考えていた。そこでネーゲリは、「真の音楽教育は、直観能力を可能な限り高い段階に高めることである」[36]として音楽教育における直観能力の重要性に言及している。だが、直観を通して音楽を把握する能力を人はあらかじめ持って生まれてくるわけではなく、素質、素因として備えているにすぎないので、音楽教育は、直観にすぐさま完成された芸術作品の全体を提示するようなやり方で行われるべきではないとしている[37]。つまり、「教育的に段階的な発達によってのみ、芸術直観（Kunstanschauung）が形成される」[38]ので、直観の段階的発達の過程が自然に合致したものであるためには、音楽を要素に還元する必要があったのである[39]。ネーゲリが、音楽をリズム、旋律、ディナーミクという3つの要素に還元し、それを統合して音楽作品へと導くという『唱歌教育論』の方法は、まさにこうしたネーゲリの理念に基づいていたと言える。そしてそれは、ペスタロッチが音楽以外の教育において行った分化から統合へ、分析から総合へという総

合化の過程を、ネーゲリが音楽教育において行ったものと言えるのではないだろうか。

ネーゲリはまた、次のような注目すべき発言もしている。

> ミューズの技芸（Musenkunst）、それはハーモニーと呼ばれ、個人の心の調和も人間の相互作用における心の調和も促進するのに役立つ、ということも予感していた。しかし、音楽を美的時間的存在の Gymnastik との普遍的な関係に高めることができるであろうということをわれわれが知ってからまだそれほど長くはない。[40]

Musenkunst という言葉をここではネーゲリは、ハーモニー（＝調和）と同義に用いているようである。また、この言葉の意味をネーゲリはこれ以上詳しく述べていないし、他の箇所で使われていたという形跡もないので、彼がここでどういう意味でこの言葉を使ったのか、これ以上、詳細なことは不明である。したがってその意味が、今日使われているいわゆる「ミューズ」の意味とは異なるかもしれないが、その直後に出てくる Gymnastik という言葉のネーゲリの用いている意味[41]との関係から、彼が Musenkunst という言葉を、舞踊や体操など、音楽と他の諸芸術との関連において用いていたことは明らかである。そして、この時代にすでに Musenkunst という言葉が使われていたこと自体にも注目したい。

以上のように、ネーゲリの思想には、音楽と他の芸術分野（特に舞踊、体操）との融合という方向性がみられる。しかしネーゲリは、音楽はあくまで芸術教育であるべきという考え方[42]から、ペスタロッチとは異なり、音楽を道徳教育の手段とするなど、音楽の持つ特性から離れてそれを手段として用いることには否定的である。

2. ネーゲリの音楽観

ネーゲリによると音は、「振動するもの、時間のなかで浮遊するもの」[43]であり、「振動は比例ないし運動のなかで持続している」[44]ように感じられ、「音に

よって心が揺り動かされる」[45]としている。つまり私達は、知覚された音の多様さによって、いろいろな程度の心の動きを経験するというのである。そして音楽は、「時間という原形式のもと」[46]に現れ、振動と運動という形で耳に作用するので、感情に働きかけるものであるとしている。しかしネーゲリは、音楽は形式、つまり「音と音列を規則にのっとって一つの全体に集め、結びつけたもの」[47]であると考えていたので、音楽が特定の感情を表現するという、その当時のほとんどの他の音楽家や教育家達の考え方は、否定した。

　ネーゲリは、ヘルダーのような哲学者達に対して、「音楽を心の言葉、つまり愛し合っている人間の共感と相互作用を媒介するもの、と呼ぶことによって、音楽の本質を理論的に定義できたと信じたとき、純粋音楽という交じり気のない見解はまったく失われ、純粋音楽に固有の本質は失われてしまった」[48]と批判し、音楽それ自体は何ら共感的な作用を発揮することはできないし、感情伝達の媒介としての役割を果たすことはできないとしている。ネーゲリは、音楽が感情能力を働かせる力の基礎は、他の音楽家達が考えていたような音に特有の表現力があるからではなく、音楽が時間のなかで運動する音の現象であるからであるとみなしていた。音楽は、感覚を通して人の心をとらえ、心を音楽の動きに類似した、楽しく感じられる運動状態に置くという。要するに、ネーゲリにとって音楽は、一定の感情を引き起こすのではなく、心地よい感覚的な動きの状態として、人間の心を音楽の動きに近い状態に置くものである。そして、音楽の波動と人間の心の波動とがぴったりと合ったとき、音楽は人間の心をとらえることができるというのである。音楽が心の運動を引き起こすと、その運動は、一時的に生じる様々な気分を押しのけてしまうという。音楽は、「その時々に心を刺激する。たまたま心にまといついたすべてのものを払いのけ、それを払いのけることによって音楽は心のなかにまで入り込んでくるのである」[49]と述べ、ある楽曲が形式豊かで動きに富んでいればいるほど、その曲はそれだけよく心に作用し、そのような場合には次のようになるとしている。

　　それ［心――引用者］は、この形式の遊動に運ばれ、まったく際限のない感情の世界のなかで、あるいは満ち、あるいは引いていく運動ととも

に浮き沈みし、ひそかに消えていく音の息吹とともに、心の最も奥底にまで沈みこんだり、上昇していく音の飛躍によって、ふたたび最高の歓喜にまで舞い上がったりする。こうして心は純粋な喜びに満ちた生を生き、心のなかには音の世界が広がって、無限の、味わい尽くすことのできない喜びの国を作り出すのである。50)

 つまり、例えば音が上昇していくときには感情の高ぶりのようなものを感じるし、逆に音が下がっていくときには沈むような感じになるが、それは、音の連なりや動きがそうさせるのであって、決して音そのものにそういう表現力があるからではない、というのがネーゲリの音楽と心との結びつきに対する考え方である。このようなネーゲリの考え方は、「音楽を心の言葉と呼ぶことで、…純粋音楽に固有の本質が誤解されてしまった」という彼の言葉からも明らかな通り、音楽そのものはたとえ心のコミュニケーションであろうと何であろうと、決して何か他の目的のための手段とはならないという、いわば音楽の純粋性を追求したものであると言えよう。
 とはいえ、ネーゲリは音楽に言葉が加わって歌になると、事情はまったく異なるという。「音楽が言葉の内容を持つところでは、語りかけられるのは情念を持った人間であり、我々は愛という普遍的な要素のなかにいる。そしてこの愛のなかでは、個人は一人で孤立して考えることも感じることもできない」51)として、特に合唱が人間の相互作用をもたらす最も完全で有効な手だてであると述べている。そして、さらに次のように続けている。

  あらゆる個人が、感情の表現によっても、言葉の表現によっても、個性を自由に発揮し、同時にあらゆるその他の印象から同質の印象を受け取り、人間としての自立と他者との共立を最も直観的に、そして多様に意識するようになり、啓蒙を受け取り、そして広める。…(中略)…そのような人間の相互作用をもたらすものが合唱以外にあるであろうか。52)

 このように述べ、逆説的にそのようなものは合唱以外にはありえないという

18世紀後半〜19世紀初頭の教育思想と音楽教育

ことを強調している。

　以上のことから明らかな通りネーゲリは、音楽は純粋なものとして、音楽そのものではなく言葉に、特に大人数で歌う合唱に、人間同士の心のコミュニケーションを果たす役割を見出し、その点から合唱を重視したのである。

3．ルソーとネーゲリの音楽観の相違がもたらしたもの

　ここで、ルソーからネーゲリへと至る音楽教育思潮のなかで、両者の相違が音楽教育界に何をもたらすことになるのか考えたい。

　ルソーは、音楽は人間の情念が声になり、それが旋律になったとして、音楽のなかでも旋律をきわめて重視していた。そしてルソーにとって音楽は、人間愛を心に響かせ、最も直接的に心から心へとコミュニケートできる唯一のものであり、彼の理想とした社会であるコミュニオンの形成に欠かせない最も重要なものであった。ルソーのこうした音楽観は、ドイツの思想家達やペスタロッチにも大きな影響を及ぼした。ドイツの思想家達やペスタロッチの音楽と心との関係についての考え方は、基本的にルソーの考え方を受け継いだものであると言える。

　しかしネーゲリは、これらの人達とはまったく異なる考え方を持っていた。彼は、音楽それ自体には何ら内容はないと考え、音楽は感情伝達の手段にはなり得ないとしている。ただ、ネーゲリは決して音楽と心との結びつきを否定しているわけではなく、音楽は、音の形式が活発に動くことによって人間の心にその音楽に応じた運動を呼び起こし、それによって人間の心をその音楽に応じた気持ち（喜び、悲しみなど）にさせる、という考え方である。そしてネーゲリは、人々の心のコミュニケーションの媒介としての役割は、歌詞、つまり言葉の力に帰した。よって多くの人々が一緒に歌う合唱を高く評価したのである。

　18世紀後半から19世紀初頭にかけて生まれたこうした2つの音楽観の相違は、音楽教育の方法にもある影響を与えた。19世紀の初頭まではルソー的な考え方が主流で、ネーゲリのような考え方はきわめて特異であったが、ルソーが旋律を非常に重視していたことからも明らかな通り、ルソー的な考え方では、まずはリズムよりも旋律が重要であった。それに対して、音楽は形式によって

69

成り立っているというネーゲリの音楽観では、その形式を構成するリズムが音楽の基礎となるのである。したがって、ネーゲリがプファイファーとともに著した『唱歌教育論』では、リズムが第一の要素として重視されている。しかし、1810年代以降、ドイツで出されたペスタロッチ主義の唱歌教本では、『唱歌教育論』をその方法において基礎としながらも、リズムよりも旋律を重視する方向に改変されていったのである。音楽を支える思想と実際の音楽教育の方法とのねじれが生じた要因が、ルソー的な考え方とネーゲリ的な考え方の相違にあったと言えるであろう。

第4節　シラーの美的教育論

本章の最後に、ペスタロッチやネーゲリと同時代に生きながら、より広い「美」という視点から教育について考えたシラーのいわゆる美的教育論について、彼の『人間の美的教育について』(Über die ästhetische Erziehung des Menschen) を引用しながら考えてみたい。

まず、『人間の美的教育について』の第6書簡に、次のように述べられた箇所がある。

> 人間がその諸力を働かせる場合にこれを一面的に使っていくことは、個人を過誤へと導くものです。…（中略）…私達は、私達の精神の全勢力を一つの焦点に集中し、私達の全本質を唯一の力に結集することによってのみ、はじめてこの個別の力にいわば翼を与え、その力をもって自然から定められていると思われる制限を人間的に超えてはるかに遠くへ導いていくのです。[53]

つまり、人間が持つ諸力を一面的に使うのではなく、それらを結集して用いることで、人間の力は、本来持っている以上のものとなるという考え方で、シラーのこの考え方も、ペスタロッチの人間の諸能力の調和的発達という考え方と類似している。そのことはさらに、彼の次の言葉にも現れている。

18世紀後半〜19世紀初頭の教育思想と音楽教育

> 人間の完全性がその感覚的な力と精神的な力との調和的合一のエネルギーに存するものとすれば、人間がこの完成をしそこなうのは、ただその調和的合一を欠くことによるか、あるいはそのエネルギーの不足によるかのいずれかであります。…(中略)…美こそは、緊張した人間のうちには調和を、弛緩した人間のうちにはエネルギーを回復し、そのようにして美そのものの性質に応じて、制限された状態を絶対的な状態へと復帰させ、そして人間をそれ自身のうちに完結した一つの全体へと作り上げてくれるのであります。[54]

このような考え方は、人間を一つの全体ととらえる考え方で、この点でも、ペスタロッチやネーゲリと類似している。そしてシラーは、社会の合一についても述べている。

> 趣味のみが社会に調和をもたらします。趣味は個人のうちに調和を確立するからです。…(中略)…美的の表象だけは、それに達するためにそれら［感性的な面と精神的な面——引用者］両面の本性が合致しなければならないので、結局、人間を一つの全体として作り上げるのです。…(中略)…美的の伝達だけは社会を合一します。それは万人共通のものに関係するからです。[55]

またシラーは、美的状態については、「美的状態のみは、それ自身にまとまった一つの全体であります。この状態はその起源および後続の一切の条件をそれ自身のうちに合一しているからです」[56]と述べている。

以上の引用からシラーは美を、それ自身がまとまった一つの全体であり、また、感覚(感性)と精神という両面の合致から、人間を一つの全体へと作り上げるものであり、さらにそれだけでなく美こそ社会の調和をもたらすものであると考えていたことが明らかになる。前述の通り、人間を一つの全体ととらえる考え方はペスタロッチやネーゲリにもみられ、社会の調和(合一)という考え方は、国家にも人間同様にOrganismusを有するというネーゲリの理念にも共通

するものがある。特にノルテ（Eckhard Nolte）が、「ネーゲリとシラーの音楽観の間にもやはり類似性がみられる」[57]と指摘している通り、ネーゲリは、シラーの美的教育論の影響を少なからず受けているのではないかと思われる。

しかし、ペスタロッチがその思想の中心にあくまで教育を、ネーゲリが音楽をおいていたのに対して、思想の中心に「美」（ただし、シラーのいう「美」とは、芸術全般だけでなく、国家、社会など非常に広い概念である）を置いているところに、シラーの思想の大きな特徴があると言えるであろう。

註

1) ルソー『言語起源論』小林善彦訳 現代思潮社、1982年、121頁。
2) 同書、112頁。
3) 同書、123頁。
4) 同書、117頁。
5) 同書、109-110頁。
6) 参照：同書、103-106頁。
7) ルソー『エミール』、253頁。
8) 同書、152頁。
9) 桑原武夫『ルソー』岩波書店（岩波新書）、1962年、113頁。
10) ルソー「人間不平等起源論」原好男訳『ルソー全集』第4巻、白水社、1978年、194頁。
11) Michaelis, C.F. "Einige Gedanken über die Vortheile der frühen musikalischen Bildung", *Allgemeine musikalische Zeitung*（以下、この文献は *A.m.Z.* と略称）, 1804, Sp.121.
12) Ebenda.
13) Zit.n.Preußner, Eberhard. *Allgemeine Musikerziehung*, Heidelberg:Quelle & Meyer, 1959, S.47.
14) フレーベル、フリードリッヒ・ヴィルヘルム・アウグスト「シュヴァルツブルク＝ルードシュタット侯妃様」小原国芳/荘司雅子監修『フレーベル全集』第一巻、玉川大学出版部、1977年、309頁（訳文は一部変更）。
15) 同書、310、314頁。
16) ペスタロッチ『幼児教育の書簡』、127頁（訳文は一部変更）。
17) 同書、42頁。
18) 同書、119頁。

19) ペスタロッチ『シュタンツ便り・ゲルトルート教育法』石橋哲成・前原寿訳、玉川大学出版部。1989［初版：1987］年、60頁。
20) 同書、318頁。
21) 同書、188頁。
22) 同書、209頁。
23) ペスタロッチ『幼児教育の書簡』、126頁。
24) 同書、127頁。
25) ドイツにおけるペスタロッチ主義音楽教育の受容に関しては、以下を参照。
関口博子「19世紀初頭のドイツにおけるペスタロッチ主義音楽教育の受容」『長野県短期大学紀要』第55号、2000年、71-81頁。
26) Schünemann, Georg. *Geschichte der deutschen Schulmusik*, Köln: F.R. Kistner & C.F.W. Siegel & Co., 1968［初版：1928］, S.319.
27) Natorp, a.a.O., 1.Bd., S.5.
28) Ebenda, S.V.
29) Kübler, G.F. *Anleitung zum Gesang=Unterrichte in Schulen*, Stuttgart: Druck und Verlag der J.B. Wetzler'schen Buchhandrung, 1826, S.VI.
30) Nolte, a.a.O., S.18-19.
31) Nägeli, Hans Georg. *Vorlesungen über Musik mit Berücksichtigung der Dilettanten*（以下、この文献は *Vorlesungen* と略称）, Stuttgart/ Tübingen, 1826 [reprint ed. Hidelsheim: Georg Olms Verlag, 1980], S.75-76.
32) Ebenda, S.29.
33) Ebenda.
34) Ebenda, S.32.
35) Hassan, Ismail Izzet. *Die Welt- und Kunstanschauung Hans Georg Nägelis mit besonderer Berücksichtigung der Musik*, Zürich: Jurius-Verlag, 1947, S.28-32.
36) Nägeli, "Die Pestalozzische Gesangbildungslehre nach Pfeiffers Erfindung kunstwissenschaftlich dargestellt im Namen Pestalozzis, Pfeiffers und ihrer Freunde（以下、この文献は "Die Pestalozzische …" と略称）", *A.m.Z.*, 1809, Sp.810.
37) Ebenda, Sp.823-824.
38) Ebenda, Sp.787.
39) Ebenda, Sp.788.
40) Ebenda, Sp.769-770.
41) ネーゲリの Gymnastik の理念については、第3部第9章において、ジャック＝ダルクローズのリズム論との関係において詳述する。

42) ネーゲリが音楽教育をあくまで芸術教育ととらえていたことは、『唱歌教育論』をはじめ、彼の著作物のあらゆるところにみられる。
43) Nägeli, *Vorlesungen*, S, 28.
44) Ebenda, S.29.
45) Ebenda, S.27.
46) Nägeli, "Die Pestalozzische…", Sp.821-822.
47) Nägeli, *Vorlesungen*, S.32.
48) Nägeli, "Die Pestalozzische…", Sp.830.
49) Nägeli, *Vorlesungen*, S.32.
50) Ebenda, S.33-34.
51) Nägeli, "Die Pestalozzische…", Sp.830.
52) Ebenda, Sp.833-834.
53) シラー、ヨハン・クリストフ・フリードリッヒ・フォン『人間の美的教育について』清水清訳、玉川大学出版部、1971年[初版：1952年]、40頁。
54) 同書、117頁。
55) 同書、211頁。
56) 同書、149頁。
57) Nolte, a.a.O., S.31.

第2部

19世紀前期〜中期の
スイス・ドイツにおける
学校音楽教育の改革と合唱運動

第5章

19世紀前期ドイツにおける合唱運動の興隆

―― C. F. ツェルターの活動を中心として ――

　19世紀前期〜中期のスイス・ドイツの音楽教育・音楽文化の状況を見渡すと、一方ではペスタロッチ主義による学校音楽教育の改革が行われ、他方では合唱運動の興隆がみられた。この双方にきわめて深い関わりを持つのが、ネーゲリである。第2部では、ネーゲリを中心としつつネーゲリ後まで視野に入れ、19世紀前期から中期にかけてのスイス・ドイツにおける学校音楽教育の改革と合唱運動に焦点を当てる。

　19世紀前期のドイツ語圏（ドイツならびにドイツ語圏スイス）では、合唱運動が興隆していた。ピールジッヒ（Fritz Piersig）によると、北ドイツのそれはツェルターの、南ドイツおよびスイスのそれはネーゲリの活動の影響を強く受けている[1]。筆者はすでに、スイスの男声合唱運動とネーゲリの合唱活動との関係については別稿[2]において考察している。よって本章では、19世紀前期ドイツ語圏における合唱運動のもう一つの拠点である北ドイツのツェルターの活動に焦点を当てる。19世紀前期ドイツにおける合唱運動については、数多くの先行研究が存在し[3]、そこにおいてツェルターもネーゲリも取り上げられている。しかし、両者の合唱活動の性格的な相違、ツェルターの影響を受けた北ドイツの合唱運動とネーゲリの影響が強いとされる南ドイツの合唱運動との性格的な相違を、当時歌われた合唱曲のレパートリーなどから分析するといった研究は見当たらない。そこで本章では、まずツェルターの合唱活動について検討した

上で、特にドイツの合唱運動の興隆について、その歴史的背景を踏まえながら、北ドイツの男声合唱団、南ドイツの男声合唱団の性格と演奏レパートリーとを比較検討し、その特徴と変遷について考察していきたい。

第1節　19世紀初頭までのドイツにおける音楽活動と音楽教育

　裕福な家庭や親しい仲間内での音楽的な集いは、相当以前から存在していたと考えられるが、さらに広範囲の人々をまとめた組織もすでに17世紀に出てきている。すなわち、コレギウム・ムジクム（Collegium Musicum）がドイツ各地に設立され、やがて一定の聴衆を持ち、公開のコンサートを行うようになったのである。公開コンサートは、その初期はアマチュアの音楽愛好家達によって行われていた。しかし作品の演奏に対する作曲家の要求がますます高くなってきたことや、完璧なコンサートをめざすようになってきたことから18世紀末には演奏は職業化専門化し、職業音楽家だけで形成されたオーケストラが出現してきた。演奏のプロ化によってアマチュア音楽家達は、家庭でのピアノ演奏とともに社交的な合唱サークル、合唱団に活動の場を見出すようになる。特にこの傾向は、1820年頃から顕著にみられるようになった[4]。

　合唱サークルは、コンサート組織にやや遅れてもっと気楽な、家庭的な雰囲気のなかでいわば自然発生してきたものである。大衆娯楽がまだ登場せず、オペラはまだ上流階級のものであった18世紀にあって家庭的な交際や社交的な集まりは、人々の生活のなかで大きな役割を有していた。人々の音楽活動が盛んになり、私的な歌の集いが合唱サークル、音楽協会へと組織化されてくると、その音楽協会を母体とした音楽教育機関が生じてきた。この点で顕著なのは、ヒラーの活動である。彼は、コンサートをよりしっかりとした広い基盤の上に置くために1771年に歌唱学校を設立している。この学校は数人の少年の指導から始まったが、やがて女性が入学し、3つのクラスを持つ音楽学校へと発展している。そして音楽学校の生徒の勉学を励まし、さらにその両親や友人達に彼らの手腕を聴いてもらうために彼は、1775年に「音楽実践協会」（Musikübende Gesellschaft）というコンサート組織を設立している。このようなコンサート組

第5章 19世紀前半ドイツにおける合唱運動の興隆

織から生じた歌唱学校は、次第に自立したものとなっていく。1806年の『一般音楽新聞』（Allgemeine musikalische Zeitung）誌上においては、ホルスティヒ（Horstig）が町の公私のコンサートに優れた合唱団や合唱団員が欠けていることを嘆き、歌唱学校の必要性を訴え、ハイデルベルクに歌唱学校を設立する具体的な方策を論じている。そこにおいて彼は、広範な市民の家庭に良い歌を広め、優れた歌唱力を育成することのできる歌唱学校の設立を推奨している[5]。

第2節　ツェルターの合唱活動

1. ベルリン・ジングアカデミーにおける混声合唱の活動

　著名なベルリン・ジングアカデミーも元々は、ファッシュ（Carl Christian Friedrich Fasch, 1736-1800）が、1787年に開設した裕福なブルジョワの女性のための歌唱クラスに端を発している。そしてファッシュの後を受け継いだツェルターが、このアカデミーをさらに発展させている。ツェルターは、バッハ（Johann Sebastian Bach, 1685-1752）のような古い音楽の演奏家を育成するための機関とコレギウム・ムジクムをアカデミーの付属機関といった形で設立し、バッハの声楽作品をファッシュ以上に多く取り扱い、バッハ復興運動の一翼を担った。彼の活動が、1829年のメンデルスゾーン（Jakob Ludwig Felix Mendelssohn Bartholdy, 1809-1847）による《マタイ受難曲》（Matthäus-Passion）復活上演への素地となったことは間違いないであろう。ツェルターは、ジングアカデミーのために数多くの合唱曲を作曲しており、ジングアカデミーではアカペラの古いモテットや他の多声の歌、同時代の巨匠の作品（ハイドンのオラトリオなど）とならんで、ツェルター自身の作曲による大規模なオラトリオ様式の作品（《復活と昇天》（Die Auferstehung und Himmelfahrt）など）も演奏されている[6]。ジングアカデミーは、音楽的な準備教育がなされていれば男性でも女性でもメンバーの人数制限がなかったため、そのメンバー数はツェルターが亡くなった1832年には359人にも膨れ上がっていたという[7]。アカデミーでは、大規模な混声合唱作品を演奏しており、なかでもオラトリオは重要な演奏レパートリーの一つであった。オラトリオの上演は、19世紀前期のドイツでは

ブームといえるほど人気を呼び、大人数の合唱団員と大人数の聴衆で、会場が埋め尽くされたという[8]。

2. リーダーターフェルにおける男声合唱の活動

　リーダーターフェル（Liedertafel）は、ジングアカデミーとは別にツェルターが独自の活動の場として1809年に設立した男声合唱団である。それは、1808年の5月にジングアカデミーのメンバーであったグレル（Otto Grell）がベルリンを去るときの送別会で、そこに居合わせたジングアカデミーの男性達が食卓を囲んで、ツェルターなどの作ったリートを歌ったことが発端となって設立されたものである。リーダーターフェルは、その名の通り食卓（Tafel）を囲んでの歌の集いであって公に演奏することは目的としていない。リーダーターフェルのメンバーは会則によって24人と制限されており、後にメンバーの候補者としてさらに5人まで受け入れたが、メンバーの数は30人を超えないようにされていた[9]。そしてメンバーは、歌手か詩人か作曲家でなければならないとされ、彼らはリーダーターフェルのために自ら歌を作り、それらの歌を『歌集』（Liederbuch）に収めて演奏レパートリーとして歌っていた。次頁の**表5-1**は、ツェルターのリーダーターフェルの演奏レパートリーである。もちろん、ツェルターの歌が最も多いのだが、なかにはリーダーターフェルのメンバーがリーダーターフェルのためだけに作ったものもあり、公に発表されていないものも含まれている。リーダーターフェルは、その設立の当初は2声、3声のリートや、ソロのパートから始まりリフレインを合唱が受け持ったりするような合唱曲がよく歌われていた。そしてリーダーターフェルの発展に伴って、次第に無伴奏の4声体の合唱曲が主流となっていったのである。歌われていた歌の特徴としては、社交的な内容の歌が多いことが挙げられる。**表5-1**の歌のタイトルだけでは見きわめは難しいかもしれないが、《合唱団員の夜の祝い》（Sängers Nachtfeier）、《なごやかに歓談しよう》（Laßt euch traulich sagen）、《陽気な酒飲みの信の置ける人気者》（Der traute Liebling froher Zecher）、《男性のための酒の歌》（Trinklied für Männer）、《友情の歌》（Lied der Freundschaft）など、タイトルから明らかに社交の歌とわかるもののほか、《別れの歌》（Abschiedlied）、《無事

第5章 19世紀前期ドイツにおける合唱運動の興隆

表5-1 ▶ツェルターのリーダーターフェルの主な演奏レパートリー

作 曲 者	曲 名（日本語訳）
Zelter, Carl Friedrich (1758-1832)	Der König soll leben（王は生きているだろう），Abschiedlied（別れの歌），Glück auf die Reise（無事のご旅行を），Bundeslied（同盟歌），Das Gastmahl（饗宴），Tischlied（食卓の歌），Besuch（訪問），Heiligen 3 Königen（聖なる3人の王），Ergo Bibamus, Vina bibunt homines, Vernus memorials, …他100曲以上
Rungenhagen, Karl Friedrich (1778-1851)	Lehre（教え），Domine salvum fac regem, Sängers Nachtfeier（合唱団員の夜の祝い），Die Musica, Laßt euch traulich sagen（なごやかに歓談しよう），Das Leben gleichet der Blume（人生は花と同じである）…他50曲以上
Flemming, Friedrich Ferdinand (1778-1813)	Integer vitae, Necklied（からかいの歌），Erfindungen（発明），Hoch lebe der Meister der Tafel（食卓のマイスターは高尚に生きよ）…他
Hellwig, Ludwig (1773-1838)	Lob des Gesanges（歌の賛美），Gesang und Wein（歌とワイン），Lieb und Hoffnung（愛と希望），Bauernhochzeit（農夫の結婚式），Immer lachen immer weinen（いつも笑いいつも泣く），…他
Wollank, Fr. (1782-1831)	Der traute Liebling froher Zecher（陽気な酒飲みの信の置ける人気者），Aufgehenden Mond（昇る月），Vanitas, Lust am Weine（ワインの楽しみ），Die goldene Zeit ist nicht entschwunden（黄金の時は消え去らない）…他
Rietschel	Trinklied für Männer（男性のための酒の歌），Lied der Freundschaft（友情の歌）…他

＊本表は、以下の文献を参考に作成したものである［筆者作成］。
　Kötzschke, a.a.O., S.59-63. /Dietel, a.a.O., S.34-42.

のご旅行を》（Glück auf die Reise)、《食卓の歌》(Tischlied) なども社交の歌であり、**表5-1** に挙げたもののうち、約半数が社交をテーマとした歌である。その他、レパートリーにラテン語の歌詞を持つ歌が数曲含まれていることも特徴の一つと言える。

　リーダーターフェルの最大の特徴は、その排他性にある。人数制限を設けていること、そしてメンバーになるためには音楽的能力などが要求されていることから、ツェルターのリーダーターフェルは、教養エリート層の一種のステイタス・シンボルであったとみなしてよいであろう。それはまたツェルターが、多くの人々を結びつけ、合唱を通して相互のコミュニケーションをはかるとい

うことよりもむしろ、限られた音楽的な素養を持つ人々だけで充分に洗練された音楽的な質の高い合唱をめざしていたということを意味しているとも言えるであろう。

　ツェルターのリーダーターフェルは、ベルリンを超えて広い範囲で知られるようになったが、人数制限を設けているため、そのメンバーになることは容易ではなかった。しかし著名な音楽家や詩人などは、ゲストとしてリーダーターフェルに招待されることがあった。そうしたゲストを招いての集いをガスターフェル (Gasttafel) と言う。ガスターフェルは、詩人のケルナー (Theodor Körner, 1791-1813) や作曲家のカール・マリア・フォン・ヴェーバー (Karl Maria von Weber, 1786-1826) などのために開かれている。またツェルターは、そうしたリーダーターフェルにゲストを歓迎するための歌も作っている。ガスターフェルを設けていることからツェルターのリーダーターフェルは、排他的とはいっても完全に外への窓口を閉ざしてしまっているわけではなかった。1810年代後半以降、ツェルターのリーダーターフェルをモデルとした合唱団がドイツ各地に次々と設立された。

第3節　ドイツの男声合唱運動の特徴と変遷
　　　　　──ツェルター、ネーゲリとの関係──

　ところで、ツェルターがベルリンにおいて合唱活動を行っていたのとほぼ時を同じくして、スイスにおいてもネーゲリが、チューリッヒを拠点に積極的な合唱活動を展開していた。ネーゲリは、前述の通り1805年に約30名の男女からなる混声合唱団として「チューリッヒ歌唱協会」を設立し、それに間もなく子どもを対象とした教育部門と15歳前後の女子からなる女声合唱の部門を設けた。彼が歌唱協会に子どもを対象とした教育部門を設けたのは、合唱を行うための基礎能力を子どものうちに身につけさせようという彼の教育理念に基づいている[10]。このようにネーゲリは、最初は男声合唱を行っておらず、彼が男声合唱を行うようになったのは1810年からであったが、男声合唱を行うようになってからは人数もかなり増えてきた。というのもネーゲリは、音楽を民衆全

体の共有財産（Gemeingut）にするということを民衆教育の究極の目的とし、それには合唱が最も有効であると考えていたため[11]、ツェルターのリーダーターフェルのように人数制限を設けることはしなかった。ネーゲリの影響を受け、1820年代にはスイス各地に男声合唱団が設立されるようになるが、ネーゲリの影響は、スイスにとどまらず、ドイツにまで及んでいる。

　北ドイツの男声合唱団は、ツェルターのリーダーターフェルに倣ってその多くがリーダーターフェルという名を冠している。北ドイツのリーダーターフェルは、基本的にはツェルターのそれと同様、排他性を特徴とし、少なくともその設立時においては、そのほとんどが人数制限を設けていた[12]。一方、南ドイツの男声合唱団は、リーダークランツ（Liederkranz）という名を冠したものが多く、民衆教育の一環として合唱を位置づけて大人数での合唱を推奨していたネーゲリの影響を強く受け、「人数制限を設けない」、「積極的に公開での演奏を行う」など、ツェルターのリーダーターフェルとは正反対の特徴を有していた。ネーゲリは、1819年から1825年にかけて音楽に関する講演を行うためにシュトゥットガルト、チュービンゲンなどを訪問しているが、その際に彼は、シュトゥットガルト等のリーダークランツの設立に直接、関わっている[13]。よってドイツ語圏の男声合唱運動は、ベルリンのツェルターとチューリッヒのネーゲリという2人の音楽家の活動を起点として、ほぼ同時期に性質の異なる2つの運動として出発したものとみなしてよいであろう。

　さて、ドイツ語圏において男声合唱運動が興隆したのは1810年代後半から1820年代にかけてである。この時期になぜ、男声合唱運動が興隆したのか、それには当時の音楽状況と社会状況が大きく関わっていたと言えるであろう。まず、1810年代から1820年代にかけての音楽愛好家達の音楽的環境をめぐる変化としては、先述の通り、アマチュアオーケストラの解散という状況がある。演奏技術の向上からそれについていけなくなったディレッタント達は、オーケストラから合唱へとその活動の領域を移してゆき、特にそれが1820年代に顕著になったとされている。

　そして、1810年代から1820年代にかけての社会的状況としては、周知の通り、対ナポレオンの解放戦争からウィーン体制の時代にあたるということが

ある。1806年、ドイツではフランスとの戦争の結果、神聖ローマ帝国は名実ともに滅亡し、ナポレオンによりライン同盟が結成される。プロイセンは、イエナ・アウエルシュテットの戦い（Schlacht bei Jena und Auerstedt）でみじめな軍事的敗北を喫し、フランスの支配下に置かれる。このような状況の下、1806年から1807年にかけて行われたフィヒテ（Johann Gottlieb Fichte, 1762-1814）の講演『ドイツ国民に告ぐ』（Reden an die Deutsche Nation）は、ドイツ国民の精神的覚醒を訴え、ナショナリズムの高揚をもたらしている。1812年のモスクワ遠征失敗を機に、解放戦争が起こり、ナポレオンは没落する。ナポレオン没落後のヨーロッパの秩序回復を話し合ったウィーン会議（1814-1815）に基づき、ヨーロッパ各国はフランス革命以前の秩序に戻すことが決議され、復古の時代を迎える。いわゆるウィーン体制である。この反動の時代で政治的な活動が制限されていたため、人々は、文化的な活動にその精神的な発露を求めたと言えるであろう。ドイツではその代表がブルシェンシャフト（Burschenschaft）の運動（＝学生運動）である。しかし、このような時代にあってもツェルターのリーダーターフェルは、社交的な歌が多いというその演奏レパートリーからも明らかな通り、政治的な関心は薄く、祖国愛を王への忠誠と同化していた[14]。その一方で、例えば1819年に設立されたベルリンの第2のリーダーターフェル（Jüngere Liedertafel）は、解放戦争の精神から出発し[15]、ツェルターのリーダーターフェルより愛国的な色彩を強めている。全般的に、ツェルターのリーダーターフェルをモデルとして1810年代後半以降に各地に設立されたリーダーターフェルは、その設立時には10数名から20数名という人数制限を設けるなど、その排他性を受け継いだが、その人数制限も、ツェルターのリーダーターフェルほど厳格ではなく、次第に枠が拡大され、撤廃される方向に進んでいった。ネーゲリの影響を受けて南ドイツに設立されたリーダークランツは、最初から人数制限を設けなかったので、例えばシュトゥットガルトのリーダークランツでは、設立後まもなくその人数は80人になり、すぐに150人にも膨れ上がったとされている[16]。

　次頁の**表5-2**は、19世紀前期に設立された主な男声合唱団の演奏レパートリーをまとめたものである。ここで明らかにできたのは、各合唱団で作られ

表5-2 ▶ 19世紀前期ドイツにおける主な男声合唱団の演奏レパートリー
(ツェルターのリーダーターフェルを除く)

団 体 名	作 曲 者 名：曲 名（日本語訳）
Leipzig LT	Schneider, Friedrich（1786-1853）: 32 Lieder Schulz, J. Ph. Chr.: Generalbeichte（総告白），25 Lieder Rochlitz, J. Friedrich: Hoch lebe deutscher Gesang（ドイツの歌は高尚であれ），Wer nicht liebt（愛さない人は） Fink, G.W.: 25 Lieder/ Dörrin: 15 Lieder/ Kunze, W.F.: 11 Lieder/ 他
Jüngere LT (Berlin)	Reichardt, Gustav（1797-1884）: Was ist des Deutschen Vaterland（ドイツ人の祖国とは） Berger, Ludwig（1777-1839）: Andreas Hofer, Neuen Pfingsten（新精霊降臨祭），Theodor Körner Klein, Bernhard（1793-1832）: Der Herr ist mein Hirt（神は私の指導者である），Wie mir deine Freuden winken nach der Knechtschaft, nach dem Streit（隷属と戦いの後に、私にどのような喜びが待ち受けているというのか） Rungenhagen: Marschall Vorwärts（前へ進め）/ 他
Münster LT	Reichardt, G.: Was ist des Deutschen Vaterland Zelter: Der deutsche Zecher（ドイツの酒飲み） Nägeli: Zuruf an das Vaterland（祖国への呼び掛け） Tauwitz: Lebewohl ans Vaterland（祖国にさよなら），Barcarole Zöllner, Karl Friedrich（1800-1860）: Jägerchor（狩人の合唱） Choral: Befiel Du Deine Wege（君は君の道にゆだねよ） Lindpaintner: Liebesklage（愛の嘆き） Kreutzer, Conradin（1780-1849）: Das ist der Tag des Herrn（それは神の日である）/ 他
Stuttgart LK	Silcher, Ph. Friedrich（1789-1860）: Wir sind ein festgeschlossener Bund,（我々はかたく結ばれた同志である） Jetzt gang i ans Brünnele（今私は Brünnele へ行く） Reichardt, G.: Was ist des Deutschen Vaterland Haydn, Joseph（1732-1809）: Deutschlands Ruhmesglanz und Ehre（ドイツの栄光と誉れ）/ 他
Nürnberg LT	Kreutzer: Jägerlust（狩人の楽しみ），Der Gesang Schneider: Der deutsche Mann（ドイツの男性） Blumröder: Kriegerleben（戦士の人生） Deutscher Sängerbund（ドイツの合唱団） Berner, Friedrich, Wilhelm（1780-1827）: Männergesang/ Koehler: Hymne Miller, Julius: Vater Unser（主の祈り） Stunz: Heldenempfang auf Walhalla（Walhalla からの英雄の歓迎）/ 他

（略語）LT = Liedertafel　　LK = Liederkranz

* 本表は、以下の文献を参考に作成したものである［筆者作成］。
　Kötzschke, a.a.O., S.70-77. /Dietel, a.a.O., S.68-125.

た『歌集』に含まれる曲や、ガストーフェル、公開コンサートなどを催した場合のプログラムなどに限られるが、**表5-2**からは、特に、G. ライヒャルト (Heinrich Wilhelm Ludwig Gustav Reichardt, 1797-1884) の《ドイツ人の祖国とは》(Was ist des Deutschen Vaterland) が、表で示した5つの団体のなかだけで少なくとも3つの団体で歌われていたことが明らかになっており、多くの団体で好んで歌われていたことがうかがえる。《ドイツ人の祖国とは》は、アルント (Ernst Moritz Arndt) が1813年に書いた詩に、ベルリンで指揮者と唱歌教師として活躍していたG. ライヒャルトが1825年に曲をつけたものである。この歌は、1830年代から1870年代にかけて最も広まったドイツの歌の一つで、祖国統一の願いをその歌に込めるという政治的な意味合いを持つ歌となったとエルク (Ludwig Erk) は述べている[17]。この歌は、『一般ドイツ学生歌集』(Allgemeines Deutsches Kommersbuch) にも載せられている。他の曲をみても、全体的にどこの合唱団でも"Vaterland（祖国）"とか"Deutsche（ドイツの）"とか"Bund（同盟）"などがタイトルに含まれるものが多く、タイトルからしてすでに愛国的な内容を連想させる歌が、どの団体にもレパートリーとして含まれていたことがうかがえる。したがって、ツェルターの影響によって設立された北ドイツのリーダーターフェルも、ネーゲリの影響による南ドイツの合唱団も、ともに愛国的な歌を多く歌っていたことが明らかになるであろう。

ところで、複数の合唱団が集まって行う合唱祭は、1820年代後半以降、南ドイツの各地で行われるようになり、北ドイツでも1830年代以降、頻繁に行われるようになった。そこで歌われた歌は、北ドイツも南ドイツも愛国的な歌が多く、参加人数は、明らかにできたものだけで200人から760人まで[18]、いずれも数百人単位のたいへん大規模なもので、さらにその他に、その何倍もの聴衆がいた。

以上のことから、最初は性質の異なる運動として出発した北ドイツと南ドイツの男声合唱運動は、次第に類似した性質のものとなっていったとみなしてよいであろう。ツェルターの設立したリーダーターフェルは、1839年7月9日、ポツダムのリーダーターフェルと合同演奏会を開催している。それがベルリンのリーダーターフェルにとって最初の合同演奏会であったが、1839年といえば

第5章　19世紀前期ドイツにおける合唱運動の興隆

ツェルターはすでに亡くなっており、ツェルター存命中にはそれができなかったということを示しているとも言える。

　ツェルターは、あくまでリーダーターフェルを音楽的な素養を持つ教養ある人々を社交的に結びつけるものとみなし、食卓を囲んでの私的な音楽活動に限るものととらえて公での演奏を否定していた。ガストターフェルを設けるなど、外に向けての窓口をまったく閉ざしていたわけではないが、それでもツェルター自身は、南ドイツのリーダークランツの設立に直接関わったネーゲリほどには、自らの男声合唱の活動を広範に広めようという積極的な意図はなかったのではないかと思われる。しかし実際には、少なくとも北ドイツにおいて男声合唱運動発展の契機を与えたのは、ツェルターであったとみなしてよいであろう。したがってツェルターのリーダーターフェルにおける合唱活動は、結果的に北ドイツの男声合唱運動に契機を与えることにはなったものの、実際のドイツの男声合唱運動は、1810年代後半から1820年代という時代の影響をきわめて強く受け、大人数で愛国的な歌を歌うという、ツェルターの活動とはかなり性質の異なる方向に進んでいったと言えるであろう。

註

1) Piersig, Fritz. "Männerchor", *MGG*, vol.8, 1960, Sp.1461.
2) 関口、前掲論文、2001年、27-39頁。
3) 19世紀前期ドイツにおける合唱運動に焦点を当てた先行研究としては、以下のものなどがある。　　Dietel, a.a.O. ／ Kötzschke, a.a.O.
4) 19世紀初頭の演奏のプロ化とアマチュアオーケストラの解散が、合唱団の発展に有利に働いたことは、ネーゲリが1826年の「チューリッヒ市合唱協会」(Sängerverein der Stadt Zürich)設立の記念講演において述べている。
　　Nägeli, "Nägeli's Rede vom 11.10.1826", *Alpenrosen*, 4.Jg., 1869, S.122.
5) Horstig, "An die Stifter einer neuen Gesangschule zu Heidelberg", *A.m.Z.*, 1806, Sp.817-822.
6) ツェルターがジングアカデミーの合唱指揮者をしていた1800年から1832年までのジングアカデミーにおける彼の演奏活動については、以下の文献に詳しい。
　　Schünemann, *Die Singakademie zu Berlin 1791-1941*, Regensburg: Gustav Bosse Verlag, 1941, S.23-65.

7) Raynor, Henry. *A Social History of Music*, New York:Taplinger Publishing Co., 1978, p.87.
8) 当時のオラトリオの盛況ぶりについては、第3章で述べた通り、以下の文献に詳しい。西原、前掲書、28-35, 84-91頁参照。
9) ツェルターがなぜ、リーダーターフェルの人数を24人と制限していたのか、30人を超えないようにしていたのか、その理由については彼自身何ら言及していないため、はっきりしたことはわからない。したがって推測の域を出ないが、人数を制限することで演奏のレベルを保つ、各パートのバランスを保つ、などが理由の一つとして考えられるであろう。
10) Nägeli, *Organisation des Sing-Instituts, so weit dieselbe jedes Mitglied angeht*, Zürich: Bey H.G. Nägeli, o.J., S.3-7.
11) Nägeli, "Die Pestalozzische…", Sp.833.
12) Dietel, a.a.O., S.68-95.
13) Ebenda, S.103.
14) Ebenda, S.40.
15) Ebenda, S.79.
16) Ebenda, S.103.
17) Erk, Ludwig (hrsg.). *Erks Deutscher Liederschatz: eine Auswahl der beliebtesten Volks-, Vaterlands-, Soldaten-, Jäger-, Studenten- & Weihnachts-Lieder für eine Singstimme mit Pianofortebegleitung*, Bd.1, Leipzig: C.F.Peters., o.J., S.269.
18) Dietel, a.a.O., S.99-150.

第6章

ネーゲリの教育改革構想
―― ペスタロッチ主義という視点から ――

　スイスは、ペスタロッチを生んだ国である。しかし、1798年にフランス革命の影響を強く受けて成立した進歩的なヘルヴェティア共和国において試みられた統一的な初等教育改革は、1804年の共和国の崩壊とともに挫折した[1]。そして、その後のスイスの教育行政は、1810年代後半からの全ヨーロッパ的な保守主義の影響を受け、1820年代に至るまで一種の空白状況を呈していたとされている[2]。各カントンに変革をもたらす契機を与えたのは、1830年にフランスで起こった7月革命である。同年11月にカントン・チューリッヒのウスター（Uster）で行われた一万人の住民集会において、人民主権、選挙制度の改革、三権分立、学校制度の改善などを要求した、いわゆる「ウスター請願書」（Uster Memorial）が市民の手によって出されたことは、カントン・チューリッヒの改革を方向づけるものとなった。これを機に憲法委員会が設置され、1831年3月の新憲法の制定を経て、教育改革も緒につくこととなったのである。ネーゲリは、1831年に新生カントン・チューリッヒの教育委員に選出され、晩年には音楽教育だけでなく学校教育全体にも関わる立場となった。それに伴い彼は、1830年代にはカントン・チューリッヒの教育改革構想を叙述した論稿[3]も公にしている。

　ネーゲリに関しては、シャットナー（Hermann Joseph Schattner）、ハッサンなど優れた先行研究が存在するが[4]、それらでは彼の教育改革構想については

ほとんど言及されていない。一方、スイス近代教育史の先行研究でネーゲリは、カントン・チューリッヒの教育改革を扱った章のなかでペスタロッチ主義の教育家としてごく小さく扱われているにすぎないのである[5]。

　本章では、ネーゲリの教育改革構想の全体像を踏まえた上で、カントン・チューリッヒの教育改革とペスタロッチ主義との関連性の一端を、ネーゲリによる学校音楽教育の改革という視点から考察する。そのためにはまず、ネーゲリとペスタロッチとの関係、彼がペスタロッチから思想的にどのような影響を受けたのかを明らかにしなければならない。そして、ネーゲリの教育改革構想を1830年代に書かれた彼の複数の論稿から検討し、1832年制定の「カントン・チューリッヒにおける全教育制度の組織に関する法」(Gesetz über die Organisation des gesamten Unterrichtswesens im Canton Zürich, 1832)——以下、「新教育法」と略称——に現れた教育改革の精神に、ペスタロッチの思想がどう反映され、ネーゲリによる改革とどのように関わっていたのかを明らかにする。

第1節　ネーゲリとペスタロッチとの関係

1. ペスタロッチ主義者としてのネーゲリ

　ネーゲリとペスタロッチとの直接的な交流は、1808年頃、ネーゲリが自作の歌曲集をペスタロッチのもとに送ったことから始まったとされている。ペスタロッチは、ネーゲリからの曲集の送付に対して、「私の生徒達は、あなたからいただいた曲をかなり上手に歌っています」という内容の礼状を1808年10月18日づけでネーゲリに送っており[6]、これ以降、両者の間で頻繁な書簡のやり取りがなされている。そしてその後、ペスタロッチからの依頼により、プファイファーとともに『唱歌教育論』の作成に取り組むなど、ペスタロッチの生前にはネーゲリは、彼の音楽教育面での協力者という位置づけが強かった。

　しかし1830年以降、ネーゲリは時代が変わるという空気を察したのか、ペスタロッチ主義の音楽教育家としてだけでなく、音楽教育の枠を超えてペスタロッチ主義者の一人としてペスタロッチを擁護し、ペスタロッチ主義を広めるためのさまざまな著述を公にしたり、演説を行ったりするようになった。

1830年発行の『教育演説』(Pädagogische Rede)[7]のなかでネーゲリは、「その人は創造力によってこの世の光となる。その光の創造者がペスタロッチである」[8]と述べ、ペスタロッチの「攻撃的な性格（Aggressivität）が、彼の独創性である。…（中略）…彼は、自らの判断を自らの独創性の源泉から汲み出す」[9]として、ペスタロッチを独創性の強い創造者と定義づけている。そしてペスタロッチの偉大さについては、「彼［ペスタロッチ——引用者］についてただ読んだだけの人は、その偉大さを認識することは不可能であった。彼に会い、彼の声を聴き、彼と話し、会話をしなければ彼を理解することはできなかった」[10]と述べている。

この演説がなされた1830年には、ペスタロッチはすでにこの世になかったこともあり、ネーゲリは、このように述べることで自らをペスタロッチと直接会って彼を理解した真のペスタロッチ主義者の一人として位置づけようとしたものと思われる。ネーゲリがペスタロッチを相当に信奉していたことは、明らかである。

2. ネーゲリへのペスタロッチからの影響とペスタロッチ主義

では、ネーゲリはペスタロッチから思想的にどのような影響を受けたのであろうか。

ペスタロッチの教育理念として最も重視されているのは、周知の通り、直観教授と段階教授の理念である。この二つはネーゲリにも多大な影響を与え、彼も重視していた。特に直観については、第4章で述べた通り、実際にネーゲリは音楽教育における直観能力の重要性に言及している。そして前述の通り、ペスタロッチが『ゲルトルートはいかにしてその子らを教えるか』のなかで、それぞれたった一文のみ、唱歌教授における段階教授の重要性については言及しつつも直観教授の手段とはみなしがたいと述べ[11]、音楽教育における直観教授や段階教授についてはそれ以上の言及をしていないことから、ネーゲリは音楽家・音楽教育家として、ペスタロッチの直観教授と段階教授の理念を音楽教育に応用させたと言える。

ところでネーゲリは、『教育演説』のなかで真のペスタロッチ主義と偽ペスタロッチ主義（Pseudo-Pestalozzianismus）、反ペスタロッチ主義（Anti-

Pestalozzianismus）の定義を行っている。反ペスタロッチ主義とは、言うまでもなくペスタロッチ主義に反対する勢力のことであるが、偽ペスタロッチ主義については、「彼ら［偽ペスタロッチ主義者——引用者］は、個々のOrganのためにOrganismusを見失っている。彼らは人間の本質を分解し、崩し、ずたずたにしている。想像力を引き裂き、直観能力を荒廃させ、理解力をだめにしている」[12]と定義している。すなわち、ネーゲリによると偽ペスタロッチ主義者達は、個々のOrganしか目が向けられていないためにOrganismusが見えていない、つまり細部にこだわり人間全体が見渡せていないために、人間にとってきわめて重要な想像力、直観能力、理解力をだめにしてしまっていると批判しているのである。ネーゲリは、たくさんの偽ペスタロッチ主義者達が存在すると警告している[13]。そして、ネーゲリによると真のペスタロッチ主義とは、次のようなものであるとしている。

> 彼［人間——引用者］は、自然の法則と時間の法則のもとに置かれている。…（中略）…人間教育のこの絶対的な二重の法則との一致において、ペスタロッチ主義は、自然が人間のOrganismusを時期に合わせて（決まった時期に）発達させている生活段階と並行して体系的に教育を段階づけているのである。…（中略）…ペスタロッチ主義の実際の教育的な生活金言（Lebensmaxime）は、あらゆる自然とOrganに合致した教授・教育手段を用い、年数の経過と児童の精神的な諸力の発育において、統制が感覚性を超越し、意思が本能を超越するというところにある。そこから調和的な人間が生まれるのである。[14]

つまりネーゲリにとってペスタロッチ主義とは、一言でまとめれば、人間の本質の発達段階に則して段階的な教育を行い、諸力の調和的に発達した人間を育成することであった。

第2節　ネーゲリの教育改革構想

1．1820年代までのスイスの教育状況

　ペスタロッチ主義者であったネーゲリにとって、1830年に至るまで祖国スイスでペスタロッチ主義がなかなか浸透していないという現実は、許しがたいものに思えたようである。「スイスは、ペスタロッチとペスタロッチ主義に対して不作為の罪がある。…（中略）…政治家は誰も、最も重要な政治家でさえ、スイスの教育の地［イヴェルドン（Yverdon）──引用者］をかつて訪れようとはほとんど思わなかった」[15]と述べ、祖国スイスは、ペスタロッチとペスタロッチ主義に対して何もしてこなかった、政治家達も誰も関心を持とうとしなかったとしてネーゲリは、それまでのスイスの政治・教育を非難している。さらに彼は、1820年代までのスイスの学校について、「我々の民衆学校はとても劣っており、おろそかにされ、荒れている。…（中略）…我々の民衆学校において合法的なものはよくないことである。よいことは合法的ではない！」[16]と述べ、それまでスイスの学校教育にペスタロッチ主義を導入しようとしてこなかった教育行政に対して、皮肉を込めた痛烈な批判を行っている。

　このような状況にはもちろん、当時の時代背景が大きく関わっている。前述の通りスイスは、1810年代後半からの全ヨーロッパ的な保守主義の影響を受け、1820年代後半に至るまで改革の機運がもたらされることはほとんどなく、ペスタロッチ主義という新しいものが旧態依然としていた一般の民衆学校に浸透する契機は、皆無に近かったと言ってよいであろう。

　だが、1820年代も終わりに近づいた頃にようやく、教育改革の提言がなされるようになった。代表的な提言として、1829年11月にヒルツェル（Konrad Melchior Hirzel, 1793-1843）によって大評議会（Großer Rat）[17]に提出された『カントン・チューリッヒの農村学校改革のための要望』（Wünsche zur Verbesserung der Landschulen des Kantons Zürich）が挙げられる。これが社会に及ぼした影響は大きく、ヒルツェルは、1830年代に入ると教育委員長として教育改革を推進する指導的立場になっている。1830年の直前にようやく、改革を準備する土壌が作られたのであった。

2.『教育請願書』(1831)にみるネーゲリの改革構想

　1830年に至り、「ウスター請願書」が市民の手により出されたことで改革の機運は一気に高まった。これを機に憲法委員会が設置され、1831年3月20日、「ウスター請願書」の要求を全面的に受け入れた新憲法が住民の圧倒的多数の賛成により制定された。

　「ウスター請願書」はネーゲリにも大きな刺激を与え、そこに盛り込まれた学校制度の改善要求に対して、ペスタロッチ主義の教育者の立場からその要求を汲んだ教育計画を作成し、『カントン・チューリッヒの憲法委員会への教育請願書』(Pädagogisches Memorial der Verfassungs- Comission des Cantons Zürich, 1831)——以下、『教育請願書』と略称——として憲法委員会に提出している。その序文で彼は、「実際にはまだ、教育制度というものは存在しない。我々の学校は、まったく別の状態のものであろう。ペスタロッチは、人間の本質に基づいた教育制度を学校に導入することを望んでいた」[18]と述べ、自らペスタロッチの後継者の一人として、ペスタロッチの望んでいた教育制度の改革を行う決意を表明している。

　『教育請願書』は新憲法制定の直前に書かれたものであるが、新憲法とそれに基づいたこれからの教育についてネーゲリは、次のようなものであるべきとしている。

　　　新しい国家の憲法は、助言と助力の義務を負うべきである。憲法は、国民と国民生活を向上させる（高める）ものとしてとらえられるべきである。国民は、個々の人間として自然と時間の永遠の法則にしたがってより高い生活の段階に達する。それを今、スイス国民は、身をもって知ったのである。…(中略)…真の再生は、精神から生ずる。精神は、あらゆる英知と学問の源泉である。…(中略)…それ［教育——引用者］は、すべての地方の国民に注がれるべきである。それは、すべての農村学校の教師達に純粋に、充分に、ふんだんに与えられるべきである。[19]

このように述べて新憲法が、国民生活を向上させるものとなり、すべての国民に教育が行われるようにすべきであるとして、新しい国家における教育についてネーゲリは、具体的に以下のような10項目を挙げている。

1. 聖職者達が基礎教育の本質と学校の生徒達の心理学的教育的な取り扱いを学問的に理解し、彼らが学校教師達の助言者、相談者（支配者ではない）になるために教育の講座を設置する必要がある。
2. 新しい教育委員会は、教区会議、上級裁判所と同等に置かれなければならない。
3. 国家の経済力は、憲法によってこの市民の主要部門［教育――引用者］に使われなければならない。
4. 教育委員会は、初等教育局と中等教育局に分けられなければならない。
5. 初等教育局の教育委員は、教育の著述家と教師だけが選ばれるべきである。彼らは、つねに学校とコンタクトを保ち続けなければならない。
6. 中等教育局は、すべての学問と芸術が生活にもたらされるように配慮しなければならない。
7. 国家の金、時間、力は、文化をすべての民衆に広めるために用いるべきである。
8. 教育委員は、製造業者、医者、聖職者を招聘するのがよい。それによって学校の重要性をあらゆる方面に知らせることができる。
9. 毎年行われる学校の祭典は、すべての民衆にとって有意義で、あらゆる生活環境に調和をもたらすものであるべきである。
10. 学校の祭典にかかる費用は、任意の財産税によってまかなわれるのがよい。[20]

そして最終的に新しい国家がめざすべき方向性を次のように述べている。

　　世界的に著名な同胞、19世紀の教育的な光の創造者であるペスタロッチによって、民衆教育と民衆の幸福のためにささげられたものを、古い

チューリッヒは拒否してきたのだが、それ［ペスタロッチによってささげられたもの——引用者］を、新しいチューリッヒの国家は、最終的には実現すべきである。[21]

つまり、ペスタロッチが民衆のために行おうとしたことを実現することこそ、教育改革の最終的な目標であると、ネーゲリは考えていたのである。

3. 『教育課題の概略』(1832)における改革構想

1831年3月に制定された新しいカントン憲法の第20条に、国家による学校教育の助成、支援がうたわれ[22]、それがカントン・チューリッヒの学校教育に指針を与えることになった。同年6月、カントン・チューリッヒでは新しい教育委員の選挙が行われ、当代を代表する教育者らの選り抜きから15人が選出された。そのなかにネーゲリも選ばれている。教育委員に選出されたのを機にネーゲリは、さらに詳細にチューリッヒの教育政策に関する提言を『全国民学校、産業学校、ギムナジウムの制度に関する教育課題の概略』(Umriß der Erziehungsaufgabe für das gesamte Volksschul-, Industrieschul- und Gymnasialwesen, 1832)——以下、『教育課題の概略』と略称——としてまとめている。『教育課題の概略』は12章235項目にも及ぶ大著であり、そこでネーゲリは、初等教育だけでなく産業教育、ギムナジウムの教育についても具体的な改革構想を述べている。

そしてネーゲリは、国民学校の教育とギムナジウムの教育は低度の教育と高度の教育ではなく、一般の教育と特殊の教育であるとして、一般の教育を次の3段階に分けている。

第1段階：基礎教育、すなわち子どものOrganを形成する段階。
第2段階：実科教育、すなわち知識と技能を修得する段階。
第3段階：人間相互の関係と人間と神とのより高度な関係を道徳的・宗教的教育のなかで媒介する段階。それには芸術教育も役立つ。[23]

まず子どものOrganを形成するという観点からネーゲリは、最初の教育の段階では形の理論と言語の教授を行い、道徳的・宗教的教育を否定している。第2段階では、自然の理論と歴史とともに、特に図画や唱歌の技術の鍛練による実科訓練を重視し、そして第3段階にようやく宗教教育が中心となるのである。
　ところで彼は、周知の通り音楽教育においても、はじめは子どものOrganを形成するという観点からリズム練習、音程練習といった音楽の基礎訓練を徹底的に行い、最初の段階でコラールのような宗教的な歌の教授を否定している。そして唱歌の技術の訓練を終えてから、教育の最終段階で宗教的な歌へ導くべきという考え方を持っていた[24]。まず基礎教育から始めるべきという点、最初の段階での宗教教育の否定という点で、彼の教育改革構想は、彼の音楽教育改革の構想をそのまま教育全般に反映させたものであると言える。

第3節　カントン・チューリッヒの「新教育法」の精神と
　　　　　ネーゲリによるペスタロッチ主義の学校音楽教育改革

1.「新教育法」の成立とその思想的特徴

　1832年9月、教育委員の一人、シェール（Ignaz Thomas Scherr, 1801-1870）の作成した草案をもとに、幾多の修正を経て「新教育法」が制定された[25]。その第1条において、「国民学校は、あらゆる国民階級の子ども達を一致した原則にしたがい、精神的に勤勉な、市民として有能な、道徳的・宗教的な人間に育成しなければならない」[26]と規定され、社会的身分や資産の差異が教育に作用してはならないとされた。また新教育法では、6歳を入学年齢とする学校制度も定められた。子ども達は、まず6歳から9歳まで初等学校（Elementarschule）に通い、その後の3年間、つまり12歳まで実科学校（Realschule）に通う。この初等学校と実科学校を合わせた6年間を全日学校（Alltagsschule）とし、就学を義務づけている[27]。この「新教育法」は、教育の機会均等をうたっている反面、きわめて合理的傾向も有しており、その特徴の一つとして、「そこでは、集団的「芸術陶冶」（Kunstbildung）および「宗教陶冶」（Religionsbildung）による情操教育は、…（中略）…基礎陶冶（Elementarbildung）および実科陶冶（Realbildung）のプログ

ラムに付随的に提示されているにすぎない」[28]との指摘もある。

確かに「新教育法」の第4条では、国民学校の教授内容として基礎教育が真っ先に挙げられ、次が実科教育、そして芸術教育と続き、宗教教育については最後の項目となっている。しかも芸術教育と宗教教育に関する記述は基礎教育、実科教育の半分以下であり[29]、芸術教育と宗教教育が軽視されている印象を受ける。しかし同条には、基礎教育の4つの柱として言語、数、形の理論とともに「音の要素の教授」(Bildung in den Ton-Elementen) が掲げられている[30]。ここでは直接明言こそされていないが、音の要素以外の3つ、すなわち言語、数、形は、まさにペスタロッチの直観の3要素である。そこに「音の要素の教授」が加えられたのであるから、「新教育法」では、音楽は情操教育や宗教教育としてではなく、むしろ基礎教育の一環としてはかなり重視されていたとみなされる。

直観の3要素、基礎教育、実科教育の重視ということからみてこの「新教育法」には、ペスタロッチの教育思想が色濃く反映されていることは明らかである。つまりカントン・チューリッヒの教育改革の精神、その思想的基盤にペスタロッチの教育思想があったと言える。また1830年以前の学校は、18世紀から続く教会との密接な関わりを持つ伝統を継承し、宗教が主要な科目とされていたが、「新教育法」における宗教教育の扱いの小ささからみても、学校を教会の支配から解放して国家の監督のもとに置くということが、1830年代の教育改革において一つの大きな目標であったこともうかがえる。

2.「新教育法」の精神とネーゲリによる学校音楽教育の改革

このように新たに定められた学校制度のもと、学校音楽教育も単に宗教歌の暗記にとどまらない教授が求められるようになった。つまり「新教育法」ではその第22条で、唱歌の授業において掛図の使用が必須とされ、さらに実科学校では『チューリッヒ歌集』(Das zürcherische Gesangbuch) からの優れた (vorzüglich) 旋律の選択、簡単なコラール集といった純粋に宗教的な教材とともに、段階的な2声のフィグラール唱歌 (Figralgesang) も必修教材として求められたのである[31]。『チューリッヒ歌集』は、1787年に出版され、18世紀末から19世紀初頭にかけてカントン・チューリッヒの民衆に広まった、いわば当時最も

第6章 ネーゲリの教育改革構想

よく歌われていたコラール集であり、一方フィグラール唱歌は、ネーゲリによると拍節感がはっきりしていて歌詞（宗教的なものでも世俗的なものでも構わない）に合った旋律を持つ作品である[32]。ネーゲリは後に、「フィグラール唱歌だけがあらゆる唱歌教育の手段を完全に含んでいる。よって「新教育法」は、フィグラール唱歌を法によって一般化したのである」[33]と述べ、フィグラール唱歌が教材として規定されたことを大いに支持している。

　これによりカントン・チューリッヒでは、1828年にネーゲリによって作成されたペスタロッチ主義の唱歌教授法をきわめて簡略化してそれを掛図にした『音楽掛図』（Musikalisches Tabellenwerk）と、「新教育法」の規定に沿ってネーゲリがまとめた『学校唱歌集』（Schulgesangbuch, 1833）が必修教材（obligatorisches Lehrmittel）に認定され、カントン・チューリッヒの学校にこの2つのペスタロッチ主義の歌唱教材が導入された。『学校唱歌集』は、その構成自体はもちろん「新教育法」の規定に沿ったものであるが、その内容にはかなりネーゲリならではの独自色が打ち出されていた。それは、第1部が100曲のネーゲリ作曲によるフィグラール唱歌、第2部がネーゲリ自身の作曲によるコラール50曲、『チューリッヒ歌集』から25曲という選曲になっており、従来から広く歌われていたコラールを少なくし、ペスタロッチの段階教授法に則って易しいものから難しいものへと唱歌を配列した第1部のフィグラール唱歌に重きを置いたのである[34]。

　この2つの教材は、一部の改訂を経ながらも、1866年にネーゲリの弟子であったヴェーバーによる改革がなされるまで、ネーゲリの死後も30年の長きにわたってカントン・チューリッヒの必修教材であり続けた[35]。『学校唱歌集』は、シプケによると出版から約1年半後の1834年10月中旬までに約11,000部が販売され、他のドイツ語圏スイスのカントンでも採用された[36]。ネーゲリ作成によるペスタロッチ主義の歌唱教材の必修化、広範囲への普及、約30年間という長期間の定着という史実からみて、ネーゲリによるペスタロッチ主義の学校音楽教育の改革は、ある程度、達成することができたと判断される[37]。

　ネーゲリは、学校ではまず音楽基礎教育を実施し、コラールのような宗教的教材はテンポが遅い、歌詞が難しいなど、子どもの身体的、精神的理由から教

育の最初の段階で行うのにはふさわしくないと再三述べている[38]。つまり彼は、学校教育における音楽基礎教育の重視、学校での宗教的教材の否定という考え方を持っていたのである。このことから、音楽を情操教育や宗教教育としてではなく、むしろ基礎教育として学校教育に位置づけることこそ、ペスタロッチ主義者としてネーゲリがめざしていたことであると言える。こうした彼の意図は、基礎教育を重視し、宗教教育を弱めるという「新教育法」の精神、すなわちカントン・チューリッヒの教育改革の方向性とぴったりと合致していた。ネーゲリがペスタロッチ主義による学校音楽教育の改革を実現できたのは、これまで述べてきたような彼の努力とともに、このような時代の後押しがあったことも確かである。

註

1) ヘルヴェティア共和国時代の初等教育改革構想については、以下の文献に比較的詳しく書かれている。　遠藤盛男『スイス国民学校の制度史研究——19世紀以降におけるカントン・チューリヒを中心として——』風間書房、1987年、25-38頁。

2) この頃のスイスの教育実態について、ドイツの教育事情に精通している亡命者のスネル（Ludwig Snell, 1785-1854）は、後に次のように述べている。

> 隣接する諸国、特にドイツにおいて国民教育に大きな進展がみられ、その学問的な進歩が学校の改善に向けられている。しかし振り返ってスイスをみると…（中略）…ペスタロッチのような教育的天才が国民教育のためにまったく新しい世界を切り開き、それらの教育的財宝が世界の彼方まで普及し、豊かな実りを結んだにもかかわらず、何千という人々が無知と粗野の深い眠りに陥っていた。(Zit.n.Frey, Paul. *Die zürcherische Volksschulgesetzgebung 1831-1951,* Zürich: Buchdruckerei Dr. J. Weiss, Affoltern a. A., 1953, S.5.)

3) 1830年代に出されたネーゲリの教育改革構想を叙述した論稿としては、『教育演説』（1830）、『教育請願書』（1831）、『教育課題の概略』（1832）等が挙げられる。

4) Schattner, Hermann Josef. *Volksbildung durch Musikerziehung: Leben und Wirken Hans Georg Nägelis,* Otterbach-Kaiserslautern: Verlag Arbogast, 1960. ／ Hassan, a.a.O.
シャットナーは、ネーゲリの生涯とその活動を包括的に取り上げた学問的価値の高い人

物研究であるが、多岐にわたった彼の活動をすべて網羅しようとしたあまり、彼のそれぞれの活動を個別に取り上げるにとどまっているきらいがある。ハッサンは、ネーゲリの音楽思想を美学的な視点から考察した研究である。

5) 音楽関係以外の純粋にスイス近代教育史の先行研究のなかで比較的ネーゲリを多く取り上げているのはフライの文献で、「新教育法」制定に向けての教育委員会内でのネーゲリと他の委員との議論の経緯などが書かれている（Frey, a.a.O., S.26-29）。他の先行研究は、ネーゲリについてはごくわずかに名前が出てくる程度か、あるいはまったく名前が出てこないものもある。

6) Pestalozzi, Johann Heinrich. *Sämtliche Briefe,* Bd.6, S.98.

7) この『教育演説』は、1830年6月28日に実際にネーゲリが行った演説の原稿を、その年のうちに公刊したものである。

Nägeli, *Pädagogische Rede,* Zürich: bey Orell, Füßli und Companie, 1830.

8) Ebenda, S.14.

9) Ebenda, S.25-26.

10) Ebenda, S.29.

11) Pestalozzi, *Wie Gertrud ihre Kinder lehrt,* Bad Heilbrunn/OBB, 1982, S.69-70.

12) Nägeli, *Pädagogische Rede*, S.19.

13) Ebenda, S.18.

14) Ebenda, S.35-40.

15) Ebenda, S.41.

16) Nägeli, *Pädagogisches Memorial der Verfassungs-Comission des Cantons Zürich*（以下、この文献は *Pädagogisches Memorial* と略称）, Zürich: Geßner'sche Buchdruckerei, 1831, S.4. なお本章において筆者は、Volksschule の訳語について、教育改革以前の Volksschule を民衆学校と訳し、改革期以降の Volksschule に関しては国民学校と訳す。同様に Volk という単語も、時代状況に応じて「民衆」、「国民」と訳し分ける。

17) 大評議会（Großer Rat）は、カントン政府の最高立府であるが、1820年代までは特定の政治家の家系による世襲の支配体制が確立していた。1830年の政治的変動（旧体制の崩壊）により、それ以降、普通選挙による代議員制の民主的なカントン議会として機能するようになった。　参照：ジリヤール、前掲書、58-59、97頁。

18) Nägeli, *Pädagogisches Memorial*, S.2.

19) Ebenda, S.7.

20) Ebenda, S.8-14.

21) Ebenda, S.15.

22) Bosshard, Hans. *Die Rechtsordunung der schweizerischen Volksschule,* Zürich, 1955, S.10-11.

なお、ここでの国家とはカントンをさす。

23) Nägeli, *Umriß der Erziehungsaufgabe für das gesamte Volksschul-, Industrieschul- und Gymnasialwesen,* Zürich: bey H.G. Nägeli, 1832, S.38-39.
24) このようなネーゲリの音楽教育観については、次の第7章において詳述する。
25) シェールの草案をもとにネーゲリを含め教育委員会内でさまざまな議論、修正を経て「新教育法」が成立していくのであるが、その経緯については、特に以下の2つの文献に詳しい。　Frey, a.a.O., S.19-48. / 遠藤、前掲書、53-57頁。
26) *Gesetz über die Organisation des gesamten Unterrichtswesens im Canton Zürich*（以下、*Gesetz* と略称), 1832, §.1.
27) Ebenda, §.14, 30.
28) 遠藤、前掲書、58頁。
29) *Gesetz,* 1832, §.4.
30) Ebenda, §.4.-1.d.
31) Ebenda, §.22.
32) Nägeli, *Anleitung zum Gebrauch des Schulgesangbuchs,* Zürich: bey H.G. Nägeli, 1833, S. Ⅲ - Ⅳ.
33) Ebenda, S. Ⅲ.
34)『学校唱歌集』第1部のフィグラール唱歌が、ペスタロッチの段階教授法に則って易しいものから難しいものへと唱歌が配列されていることは、筆者がすでに以下の拙稿で明らかにした通りである。
関口博子「19世紀前期カントン・チューリッヒ（スイス）の学校教育におけるペスタロッチ主義音楽教育の受容——H.G. ネーゲリ『学校唱歌集』(1833)の分析を通して——」『音楽教育学』(日本音楽教育学会)第29巻第1号、1999年、1-16頁。
35) Schipke, a.a.O., S.116-118.　ヴェーバーによる改革については、第8章において詳述する。
36) Ebenda, S.115. 『学校唱歌集』は、シプケによると1836年にザンクト・ガレン（St. Gallen）やバーゼルラント（Baselland）でも採用されている（Ebenda）。また、シプケの記述には出てこないが、ネーゲリの『学校唱歌集』第1部とまったく同じ内容で、『カントン・ゾロトゥルンのための学校唱歌集』と表紙に書かれたものも、チューリッヒ市内の図書館に所蔵されており、ゾロトゥルンでもネーゲリの『学校唱歌集』が採用されていた可能性が高いと思われる。
37) カントン・チューリッヒにおけるネーゲリのペスタロッチ主義による学校音楽教育改革の具体的内容について筆者は、前掲の1999年の拙稿において詳論しているので、詳細はそちらを参照されたい。
38) 1810年発行の『唱歌教育論』で述べている（Pfeiffer, Michael Traugott. & Nägeli,

Gesangbildungslehre nach Pestalozzischen Grundsätzen（以下、この文献は *Gesangbildungslehre* と略称）, Zürich: bey H.G. Nägeli, 1810, S.IX-X, 229-230.）だけでなく、宗教的教材が含まれている『学校唱歌集』の『利用の手引き』のなかでも、同様のことを述べている（Nägeli, *Anleitung zum Gebrauch des Schulgesangbuchs*, S.Ⅲ.）。

第7章

19世紀前期ドイツ語圏スイスにおける学校音楽教育の改革と合唱運動
——ネーゲリの思想とその活動の歴史的意義——

　従来の音楽教育史研究においてネーゲリは、アーベル゠シュトルート（Sigrid Abel-Struth, 1924-1987）が指摘しているように『唱歌教育論』を作成した方法論者という見方が強くなされている[1]。すなわち、『唱歌教育論』において完成されたペスタロッチ主義の方法が、ドイツ、アメリカ、さらには我が国の明治期における学校音楽教育の創始にまで少なからぬ影響を及ぼしたことが、シプケやシューネマン、河口らの著名な先行研究を通してよく知られており[2]、そうした視点からの評価が中心となっている。だがネーゲリは、ペスタロッチ主義の音楽教育家というだけでなく、ドイツ語圏で当時興りつつあった合唱運動やバッハ復興運動に対する功労者、楽譜出版家、音楽思想家など、多方面での活動を行った音楽家であった。特に彼の合唱活動については、『合唱教本』（Chorgesangschule, 1821）という合唱のための教本の作成に代表されるように、彼の音楽教育との関連性が特に高いと思われるのであるが、ドイツ語圏の合唱運動について扱ったシュピタ（Spitta）をはじめとする多くの先行研究では、ネーゲリの合唱活動を彼の音楽教育との関係において考察するという視点はほとんどみられないのである[3]。

　よって本章では、従来の音楽教育史研究におけるネーゲリについてのペスタロッチ主義の音楽教育家という視点に加え、多彩な彼の活動のなかで特に音楽教育との関連性から、彼の合唱活動にも目を向け、ネーゲリにおける学校音楽

教育と合唱との関係について明らかにする。そして19世紀前期ドイツ語圏スイスの学校音楽教育の改革と合唱運動の発展に果たしたネーゲリの役割を明らかにすることを通して、彼の音楽教育思想とその活動の歴史的意義を再評価することを試みたい。

第1節　ネーゲリにおける学校音楽教育と合唱との関係

1．ネーゲリにおける学校音楽教育の目的

　19世紀初頭のスイスの学校音楽教育の目的は、学校規則で「道徳的・宗教的な歌の暗記」[4)]と規定され、教会で歌うための歌（＝コラール）を覚えさせることにあった。それに対して『唱歌教育論』では、以下のように述べ、学校で宗教的な歌を扱うことを否定している。

> 　我々にとってその［宗教――引用者］音楽は高貴で神聖なものであるので、我々は最初の歌唱練習を宗教的な歌詞で構成することはできない。それどころか我々はそうすることによって、宗教的な歌の神聖さを汚すことになる。…（中略）…宗教的な歌というこの最も高度なジャンルは、成熟した青年のためにとっておかれなければならない。[5)]

　つまり宗教的な歌は、本来大人のものであるので、それを子どもの歌唱練習に用いるべきではないというのである。こうした文化的な理由とともに、テンポの遅さが子どもの呼吸に無理を生じさせるなど、生理的（非音楽的）な理由からも学校における歌唱教材としてはコラールを否定している[6)]。そしてまずリズムの練習からスタートし、旋律（＝音程）の練習、ディナーミクの練習、書き取り（＝聴音）の練習、音楽と言葉とを結びつけた練習へと進めるという、徹底した音楽の基礎練習の方法を構築しているのである[7)]。ネーゲリは、最初から歌を歌わせることは子どもに手軽で軽薄な満足を与えることになるとして、音楽の基礎能力が十分に身につくまで子どもに芸術作品を与えてはならないという音楽教育論を有していた[8)]。よって学校における音楽教育は、まずは基礎能

力の育成から始めるべきであるが、基礎能力を習得した後の学校音楽教育の目的については次のように述べている。

> 課題が歌えるようになったなら、その能力は最終目的ではなく、むしろ芸術作品を自由に演奏するための、そして…（中略）…楽しむための手段となる。そうなると学校はもはや単なる学校ではなく、小さな…（中略）…芸術アカデミーとなる。そこまで学校教育で達しなければならないし、真の芸術教育はそうあるべきである。…（中略）…学習学校（Lernschule）を自由な芸術学校へと高めることが、唱歌の方法の最終目的であるということを認識しなければならない。[9]

学校教育においても芸術教育をめざしていたネーゲリは、まずは学校で自身の考案した唱歌の方法によって音楽の基礎能力を充分に身につけることで、芸術作品の自由な演奏が可能になると考えていたと言える。そして彼は、基礎能力を習得した後に最初に歌う歌は次のようなものがふさわしいとしている。

> 実際に子どもは自分自身が持っているもの、つまり自分や自分のまわりのものを最も好んで歌う。子どもを彼のまわりのものと結びつけ、まわりのものを子どもと結びつける歌は、単純であればあるほど、独特であればあるほどますます喜ばしいものとなる。…（中略）…したがって小さな歌は、芸術教育にとって取るに足らないもの（Kleinigkeit）ではなく、むしろまさにその小ささ（短さ、単純さ）に独特の価値があるのである。そのような歌は、子どもを急ぎすぎたり詰め込みすぎたりすることなく芸術美の領域へ導き、それを伝授する唯一の真の手段である。[10]

このようにネーゲリは、子どもにとって身近なものを歌った小さな歌の芸術教育における重要性を認識し、そのような歌をまず、基礎能力を習得した後に最初に歌う歌として位置づけている。その後で、2声、3声の歌を導入するところでこの『唱歌教育論』は終わっている。付録の唱歌集には、ネーゲリ作曲に

よる単声、2声、3声の唱歌を各 30 曲所収しており、それらを歌えるようにするところまでがネーゲリが学校教育において行おうとしたものであり、いわば基礎能力の育成と合唱への準備段階の教育が、ネーゲリにおける学校音楽教育の目的であったと言えよう。

2. ネーゲリにおける音楽教育の全体構想とその最終目的

ところで『唱歌教育論』は、本来は 4 部からなる「完全で詳細な歌唱教本」(Die vollständige und ausführliche Gesangschule) の第 1 部であった。「完全で詳細な歌唱教本」の計画については、『唱歌教育論』の冒頭に「予告」として示されている[11]。そしてその第 2 部が『合唱教本』であり、その付録 A として『男声合唱のための歌唱教本』(Gesangbildungslehre für den Männerchor, 1817) が出された[12]。『唱歌教育論』からこの 2 つの合唱のための教本への継続性は、次のようなところに特にはっきりと認められる。例えば、『男声合唱のための歌唱教本』に書かれた基礎練習の方法は、『唱歌教育論』のやり方にハーモニーの練習を加えただけである[13]。また『合唱教本』では、それが『唱歌教育論』に続くものであることを明言し、『合唱教本』は十分な準備教育を受けた大人を対象としたものであり、学校から生活へと芸術を橋渡しするものであると述べている[14]。ここでネーゲリが、まず学校で音楽の基礎能力を養い、それを成人した後の合唱活動へとつなげたいと考えていたことが明らかになるであろう。「完全で詳細な歌唱教本」の計画は、第 3 部が『独唱教本』(Sologesangschule)、第 4 部が『歌唱フーガ教本』(Singfugenschule) となり、それで完結するはずであった。しかし実際には、『独唱教本』は未完に終わり、『歌唱フーガ教本』に至っては構想だけで終わってしまったのである。

ネーゲリは、『合唱教本』のなかで対位法的な歌、つまりフーガを「芸術のジャンルとして最高のもの」[15]と評価し、「芸術教育はそれ［対位法的な歌（フーガ）——引用者］によって最後の、そして最高の目的に導かれうる」[16]として歌唱フーガを音楽教育の最終目的として位置づけている。そして彼は、「J.S. バッハの合唱曲の演奏が合唱団の最終的な課題である」[17]と述べ、バッハの合唱曲の演奏を最終目的として掲げている。また、ヘンデルの《メサイア》なども高く評価

しており[18]、バッハやヘンデルの対位法的な合唱曲を演奏できるようにすることがネーゲリの音楽教育の最終目的であったと言える。ではなぜ、ネーゲリは対位法的な歌、つまり歌唱フーガを音楽教育の最終目的と考えたのであろうか。対位法的な歌の意義を彼は次のように述べている。

> その［対位法的な歌の——引用者］形態は、よく言われるように4声部のそれぞれが独立しており、あちこちにテーマ的な旋律が現れる。…（中略）…対位法的な歌における声部の独立は、（アルト、テノール、バスの）合唱団員達の自負心（独立感）も強め、高めるのである。彼らは皆、同じ重要性を持った芸術国家の能動市民のように感じるであろう。そこでは、芸術の法に則って（kunstgesetzmäßig）、あたかもそれぞれが自由な選挙権を行使するかのように、他の声部と同じくもう一方の声部にも声を高める［旋律を歌う——引用者］順番がまわってくるのである。[19]

ホモフォニックな4声体の合唱曲では、アルト、テノール、バスはハーモニーを担う声部として旋律を支えるが、各声部が独立しているとは言えない。しかし対位法的な合唱曲では、全声部がハーモニーを担うと同時に各声部がそれぞれ順番に旋律を歌うので、それぞれが独立した存在となる。対位法的な作品のそうした性質が、「人間としての自立（Selbstständigkeit）と他者との共立（Mitständigkeit）」[20]を重視したネーゲリの人間観に合致していると言えよう。そしてネーゲリは、ホモフォニックな合唱リートからフーガへの橋渡しをするものとしてルントゲザングを位置づけている[21]。彼がルントゲザングを重視したのは、それが合唱と独唱という2つの形態を1曲のなかに併せ持っているからである。ネーゲリが合唱とともに独唱も重視していたことは、『独唱教本』の作成を計画していたことからも明らかである。

『唱歌教育論』により学校で音楽の基礎能力を育成し、社会における合唱活動を促進する目的で『合唱教本』を作成し、さらに『独唱教本』で個人としての歌唱能力に磨きをかけ、最終的に『歌唱フーガ教本』で対位法的な芸術作品を演奏できる自立的・共立的な人間を育成する——「完全で詳細な歌唱教本」の構成に、

そうしたネーゲリの音楽教育の全体構想がみてとれる。このようなネーゲリの音楽教育観を実践に移そうとしたものが、「チューリッヒ歌唱協会」である。これは大人を対象とした混声合唱団としてスタートしたが、注目すべきは、そこに子どもを対象とした教育部門が設けられたことである。したがって同協会は、大人を対象とした合唱団であると同時に子どものための教育機関でもあったと言える。つまりそれは、子どもから大人まで、音楽基礎教育から合唱活動まで系統的に行おうとした、まさに彼の理想を具現した機関であったと言えよう。

第 2 節　スイスの学校音楽教育改革と合唱運動へのネーゲリの貢献とそれを可能にした時代背景

だが一般のスイスの学校では、『唱歌教育論』出版後もネーゲリの方法はなかなか浸透しなかった。厳密な段階づけによって徹底した基礎練習を行わせる『唱歌教育論』の方法が、依然としてコラールの聴唱が中心であった当時の学校教育の現状とかけ離れていただけでなく、当時の社会状況もそれには大きく関わっていたと考えられる。すなわち『唱歌教育論』出版直後の1810年代は、前述の通り、保守反動的ないわゆるウィーン体制が確立した時代であり、ペスタロッチ主義のような新しいものが受け入れられる土壌はスイスにはなかったと言える。それでもネーゲリは、なんとかペスタロッチ主義の方法を学校に浸透させようと1828年に『音楽掛図』を作成した。

そして1830年にフランスで起こった7月革命を機に、カントン・チューリッヒでは、1831年に新憲法が公布され、翌1832年の「新教育法」の制定により教育改革が緒についた。「新教育法」では唱歌の授業において掛図の使用が必須とされ、簡単なコラールとともに2声唱歌も必修教材として求められた。ネーゲリは「新教育法」の規定にしたがい、同カントンの学校のために新たに『学校唱歌集』を編纂し、それが1828年に出版されていた『音楽掛図』とともに1832年12月にチューリッヒ教育委員会によって必修教材に認定された（この辺のことについては、前章で詳述した通りである）。

一方、ほぼ同じ頃の1820~30年代の当地では男声合唱運動の興隆もみられた。

前述の「チューリッヒ歌唱協会」は子どものための教育機関を持つ混声合唱団として出発したのであるが、そこに 1810 年に男声合唱部門が設けられた。そしてネーゲリは 1817 年に『男声合唱のための歌唱教本』を出版し、1820 ～ 30 年代に大規模な公開コンサートを行うなど積極的な男声合唱の演奏活動を行うとともに、数多くの男声合唱曲も作曲し、演奏、出版、作曲など多方面から男声合唱活動を展開していた。こうした彼の活動が当時各地に設立された男声合唱団の活動に少なからぬ影響を与えたことは間違いないであろう。

　しかし、当時のスイスに男声合唱運動が興隆した背景にも、やはりドイツと同様、社会状況が大きな意味を持っていたと言える。1820 年代以降、射撃協会、トゥルネン協会（Turnenverein）[22] などの全スイス的統一組織が作られて協会運動が盛んになっていくが、ウィーン体制による反動の時代には政治活動に対する規制が厳しかったこともあり、こうした文化的協会の活動とその全スイス的な統一の運動が、祖国スイスの統一とウィーン体制からの自立をめざす政治的な性格を多かれ少なかれ帯びるようになったとされている[23]。大人数を集める合唱団も当然、こうした流れに組み込まれ、各地の男声合唱団で愛国的な歌が歌われたのである[24]。そうした合唱団で多く歌われたネーゲリ作曲による男声合唱曲も、きわめて愛国的な色彩の強い歌詞を持つものが多かった[25]。つまり愛国や団結をテーマとする合唱曲を歌うことで、スイス人としての連帯意識を強めるという役割が当時の男声合唱運動に求められ、ネーゲリもそうした時代の要請に応じた男声合唱曲を数多く作曲し、自ら大規模な男声合唱の演奏活動も行ったのである[26]。

第 3 節　ネーゲリの音楽教育・合唱活動の理想とその実際

1．ネーゲリの音楽教育の理想とその実際

　1810 年発行の『唱歌教育論』は、シプケをはじめとする多くの先行研究で指摘されている通り[27]、その方法には大きな問題点を抱えている。だが『唱歌教育論』は、それゆえに一切の妥協を廃し、ネーゲリが自らの考える音楽教育の理想に忠実にしたがって完成させた、いわば音楽教育の理論書と言えるものであ

ろう。このように『唱歌教育論』出版当時の1810年頃のネーゲリには、学校教材に関して理想の追求という姿勢が強くみられた。

しかし、1830年代のスイスにおける学校音楽教育の改革の際にはネーゲリは、『唱歌教育論』そのものではなく、その方法をより簡略化した『音楽掛図』と『唱歌教育論』の理論にしたがって歌唱教材を配列した『学校唱歌集』を作成し、その2つを必修教材として導入したのであった。ここで基礎練習の簡略化とともに注目すべきことは、『唱歌教育論』で基礎練習を終了するまでは歌を歌わせてはならないと強調していたにもかかわらず、1830年代の改革の際には『音楽掛図』による基礎練習と実際の唱歌である『学校唱歌集』を一部並行して用いるよう指示している[28]ことと、『唱歌教育論』で子どもの歌唱教材として否定していたコラールが『学校唱歌集』に含まれていることである。しかしネーゲリは、1834年に発表した論稿でも基礎教育から実際の（歌による）教育へ移行すべきであるという主張を繰り返しているし[29]、コラールが子どもの歌唱教材にはなり得ないと、それを含む『学校唱歌集』の手引きにおいても述べている[30]。よってネーゲリは、20年の歳月を経ても音楽教育に関する基本的な理念は変えていないことがうかがえる。にもかかわらず彼が基礎練習の簡略化を行い、基礎練習と唱歌との併用を認めたり、コラールを教材として認めたのは、当時の学校にペスタロッチ主義が受容されやすいように配慮したからであろう。つまり、当初は原理重視や理想の追求という姿勢の強かったネーゲリが、後年にはペスタロッチ主義を浸透させるという目的のために、より現実的に学校現場の状況に歩み寄りをみせるようになったと言えるであろう。

2．合唱運動の展開にみられるネーゲリの混声（女声）合唱の実践形態

ネーゲリにとって1805年に設立した「チューリッヒ歌唱協会」は、子どもを対象とした教育部門を設け、混声合唱を中心に行う彼の理想とする機関であった。彼が合唱では混声合唱を最も重視していたことは、同協会が混声合唱団として出発したこととともに、「全スイス音楽協会」（Allgemeine Schweizerische Musikgesellschaft）などで全スイス規模での混声合唱の振興にも取り組んでいたことなどから明らかである。しかし、彼が力を入れて書いた混声合唱を対象と

した『合唱教本』はあまり普及せず、その一付録に過ぎなかった『男声合唱のための歌唱教本』だけが広まった[31]ことに代表されるように、実際には彼が最も重視していた混声合唱の活動はほとんど影響を及ぼさず、彼の男声合唱の活動だけが各地に多大な影響を及ぼしたのである。そこに、彼の理想と実際とのズレがあったのであるが、民衆教育に情熱を持っていたネーゲリにとってはどちらも大切であったことも事実であり、演奏活動や作曲、出版などを通して彼は、スイスの男声合唱運動の推進にも一役買ったのである。よって合唱でも当初は理想とした混声合唱から自身の活動をスタートさせたのであるが、時代が男声合唱を求めていることを察知すると、まずは合唱の形態にこだわらず、合唱そのものを広めることを重視したと言えよう。そこに、彼の実践の時代的制約があったのである。

ただ彼は、男声合唱運動が興隆した1820年代後半以降も、混声合唱や女声合唱についても積極的に作曲や演奏を行っている。彼の作曲した混声合唱曲や女声合唱曲は、1820年代以降に作曲されたものでも、そのほとんどが宗教的な内容か自然を歌ったものである[32]。たびたび述べている通り、ネーゲリが学校での音楽教育をコラールで行うことを批判していたのは、それは子どもが歌う歌ではないと考えていたからであり、むしろ大人の場合には、宗教的な歌を歌うことを通して宗教心を育むことを音楽教育の最終段階に掲げており[33]、それを混声合唱や女声合唱において実践していたと言えるのである。

第4節 「自立」的・「共立」的スイス民衆の形成を展望した学校音楽教育の改革と民衆芸術運動の構想と実践
――ネーゲリの音楽教育思想とその活動の歴史的意義――

本章では、19世紀前期スイスの音楽教育・音楽文化において顕著なペスタロッチ主義による学校音楽教育の改革と合唱運動の発展という2つの視点からネーゲリの思想と活動について考察し、その過程で、従来の先行研究では別々に検討されてきた彼の音楽教育と合唱とを相互に関連づけながら、その歴史的意義を再評価することを試みてきた。特に、これまでほとんど取り上げられなか

った「完全で詳細な歌唱教本」の計画に着目し、第1部の『唱歌教育論』による音楽の基礎教育から第4部の『歌唱フーガ教本』で取り上げられるはずであったポリフォニーの合唱作品へ、という彼の音楽教育の全体構想を明らかにした。これまでの考察により、従来の音楽教育史研究で評価されてきたネーゲリ＝ペスタロッチ主義の方法論者という見方が、きわめて一面的な評価でしかなかったということが明らかになったであろう。

　だが、前述の通り彼の音楽教育の全体構想を表すはずだった「完全で詳細な歌唱教本」は、第2部の『合唱教本』までしか出版できなかった。ではなぜ、この計画は途中で挫折してしまったのであろうか。その最大の原因は、『唱歌教育論』に具現されたペスタロッチ主義による音楽教育の方法を学校に浸透させるのに、ネーゲリの当初の予想をはるかに超えて困難をきわめたことにあると言ってよいであろう。つまり、ペスタロッチ主義による学校音楽教育の改革は、スイスでは『唱歌教育論』の出版から20年以上の歳月を経た1830年代まで持ち越されてしまったのである。もう一つの原因は、男声合唱運動の興隆にあるであろう。第2部の『合唱教本』は混声合唱のものであるが、1810年代の男声合唱運動の興隆により、『男声合唱のための歌唱教本』の出版を急遽、『合唱教本』に先駆けて行うこととなった。これらのことから、当初は『唱歌教育論』の出版の翌年（1811年）に出されるはずであった『合唱教本』は、予定より10年も遅れてようやく出版され、以降のものは出版に至らなかったのである。

　実際の彼の実践活動でも、音楽教育の最終目的としたポリフォニーの合唱作品を自由に演奏するところまでは至らなかった。『歌唱フーガ教本』を出版できなかったことからも明らかな通り、音楽史上では初期ロマン派の時代に当たる1820～30年代に、彼の理想とするようなポリフォニーの合唱作品を彼自身、作曲することができなかったことも事実である。しかし、彼が合唱リートからフーガへと至る過渡期の作品として重視したルントゲザングは彼もたくさん作曲し、「チューリッヒ歌唱協会」等でも頻繁に演奏している。独唱と合唱という2つの形態が1曲のなかに交互に現れるルントゲザングは、声部の独立とハーモニーが同時にもたらされるポリフォニーとともに、人間としての「自立」と他者との「共立」という彼の人間観を具現したものであったと言えよう。多くの曲

を作曲・演奏することによってルントゲザングという歌唱形態を普及させたことは、彼の音楽活動の最も大きな功績の一つである。

　ネーゲリは、人間形成をその目的として学校音楽教育を出発点に、そこから民衆レベルの芸術運動まで展望し、ポリフォニーの合唱作品による人間としての「自立」と他者との「共立」という、スイスの近代民衆像を構想した。そして、そこまで一貫した理論を構築して実践した意義は、きわめて大きいと思われる。さらにその実践を協会運動として構想・展開したことが、ネーゲリの音楽教育と合唱運動の近代性を際立たせていると言えよう。つまりネーゲリの音楽教育の改革は、広義の民衆文化の改革と創造の運動であったと言うことができるであろう。

註
1) アーベル＝シュトルートは、ネーゲリ＝方法論者という固定観念を作った原因はシューネマンにあるとして次のように述べている。

　　　彼［ネーゲリ——引用者］が今まで主として方法論者とみられていたのは、ゲオルク・シューネマンに起因している。彼［シューネマン——引用者］は、1810年の唱歌教育論を、ネーゲリを特徴づける業績、"新しい方法論の礎石"として扱い、それによってネーゲリは方法論者のレッテルを貼られた。…（中略）…シューネマンの著書の威信によって固定された方法論者と民衆教育者としてのネーゲリのイメージは、現在の文献にまで保たれている。（Abel-Struth, Sigrid. *Materialien zur Entwicklung der Musikpädagogik als Wissenschaft*, Mainz: Schott, 1970, S.46.）

　アーベル＝シュトルートがこのように述べるほど、音楽教育史ではネーゲリ＝方法論者という一面的な見方が定着してしまっていると言える。
2) 『唱歌教育論』の方法がドイツへ与えた影響については、シプケやシューネマンが、また、それがアメリカを経由して我が国の明治期における学校音楽教育に及ぼした影響については、河口が詳しい。　　Schipke, a.a.O.／Schünemann, a.a.O.／河口、前掲書。
3) ドイツ語圏の合唱運動について扱った数多くの先行研究のなかでは、特にシュピタが重要視されるが、新MGGに掲載の合唱の項目も、きわめて詳細に合唱運動の歴史についての研究史が整理されており、参考になる。

Spitta,P. "Der deutsche Männergesang", *Musikgeschichtliche Aufsätze*, 1976［初版：1894］, S.299-332.

Blankenburg, W. & Brusniak, F. "Chor und Chormusik", *MGG*, Sachteil, vol.2, 1994, Sp.766-824.

こうした先行研究でネーゲリは、スイスの男声合唱運動に契機を与え、南ドイツのそれにも影響を与えた人物として必ず名前が出てくるが、彼のペスタロッチ主義の音楽教育家としての活動については、例えばシュピタはまったく触れておらず、新MGGの合唱の項目でも、ペスタロッチと交流があったこと、『唱歌教育論』を作成したこと等を紹介している(Ebenda, Sp.781)程度にしか書かれていない。

4）Frey, a.a.O., S.9.
5）Pfeiffer & Nägeli, *Gesangbildungslehre*, S.X.
6）Ebenda, S.IX-X, 229-230.
7）『唱歌教育論』について筆者は、以下の拙稿で詳細に論じた。その全体構成と概要についても同稿で＜資料＞としてまとめており、そこに所収の唱歌の分析も行った。
　　関口博子「M.T. プファイファー/H.G. ネーゲリ著『ペスタロッチの原理による唱歌教育論』(1810) 再考──プファイファーの実践と3人の役割に着目して──」『長野県短期大学紀要』第57号、2002年、47-58頁。
8）Pfeiffer & Nägeli, *Gesangbildungslehre*, S. 226.
9）Ebenda, S.209.
10）Ebenda, S.199.
11）Ebenda, S.VIII.
12）『男声合唱のための歌唱教本』と『合唱教本』の概要について筆者は、以下の拙稿で表としてまとめており、同稿でこの2つの教本に所収の合唱曲の分析も行った。
　　関口博子「H.G. ネーゲリの合唱教育──合唱のための2つの教本の分析を通して──」『音楽教育史研究』(音楽教育史学会)第5号、2002年、21-32頁。
　　なお、同稿では『男声合唱のための歌唱教本』を『男声合唱のための唱歌教育論』と訳したが、それは同教本に "Gesangbildungslehre" という『ペスタロッチの原理による唱歌教育論』のタイトルにある語と同じ単語が含まれるため、訳を揃えたのであった。しかし男声合唱の場合には、「歌唱教本」と訳したほうがその内容に則しているため、本章では "Gesangbildungslehre" という同じ語を持つ2つの教本を、『ペスタロッチの原理による唱歌教育論』、『男声合唱のための歌唱教本』と訳し分けた。
13）Pfeiffer & Nägeli, *Gesangbildungslehre für den Männerchor*, Zürich: bey H.G. Nägeli, 1817, S.V-VI.
14）Pfeiffer & Nägeli, *Chorgesangschule*, Zürich: bey H.G. Nägeli, 1821, S.8-9, 11.

15) Ebenda, S.39.
16) Ebenda.
17) Ebenda, S.42.
18) Ebenda.
19) Ebena, S.39.
20) Nägeli, "Die Pestalozzische…", Sp.833.
21) Pfeiffer & Nägeli, *Chorgesangschule,* S.39.
22) Turnenvereinは、直訳すれば「体操協会」であるが、この時代の協会運動におけるTurnen は、いわゆる「体操」という狭い意味ではなく、社会運動的な要素も含意している。その ため、社会史では現在は「トゥルネン協会」と訳すことが一般的となっているため、本章 でもそれにしたがった。
23) 以下を参照。　Im Hof, U. *Geschichte der Schweiz,* Stuttgart/ Berlin/ Köln: Kohlhammer, 1991［初版：1974］, S.106-107.
　　矢田俊隆・田口晃『オーストリア・スイス現代史』山川出版社、1984年、270頁。
24) この辺の合唱運動の社会史的な意味については、シュピタ等、ドイツ語圏の合唱運動を 扱った多くの先行研究で詳論されている。また新MGGの合唱の項目でも、19世紀前 半のドイツ語圏の合唱運動と当時の政治・社会状況との関わりについて詳細に述べられ ている。　Blankenburg & Brusniak, a.a.O., Sp.787-799.
25) そのことを筆者は、2001年の拙稿においてネーゲリの男声合唱曲183曲の歌詞を1曲 ずつ分析することにより明らかにした。　関口、前掲論文、2001年、27-39頁。
26) ネーゲリとスイスの男声合唱運動との関係について筆者は、2001年の拙稿で詳論した。 よってここでは、本稿の結論を導くのに必要な、ネーゲリが男声合唱運動の発展に果た した役割について述べるにとどめた。
27) 『唱歌教育論』の具体的な問題点については、以下の先行研究等に詳細に述べられている。 Schipke, a.a.O., S.102, 107, 124. ／ Schünemann, a.a.O., S.309. ／河口、前掲書、117-121 頁等を参照。
28) Pfeiffer & Nägeli, *Anleitung zum Gebrauch des Tabellenwerks,* Zürich: bey H.G. Nägeli, 1833, S.6.
29) Nägeli, "Das Gesangbildungswesen in der Schweiz", *A.m.Z.*, 1834, Sp.522.
30) Nägeli, *Anleitung zum Gebrauch des Schulgesangbuchs,* 1833, S.III.
31) Walter, "Die ältesten Zürcher Männerchorprogramme", *Schweizerisches Jahrbuch für Musikwissenschaft,* vol.5, 1931, S.192.
32) ネーゲリ作曲の混声合唱曲と女声合唱曲についても筆者は、すでに別稿にて代表的なも のについて歌詞の分析を行った。2001年の拙稿を参照。

33)『合唱教本』の構成では、最終章が「教会音楽の使命」となっており、宗教教育における音楽教育の重要性について詳論している。　Pfeiffer & Nägeli, *Chorgesangschule,* S.63-66.

第8章

19世紀中期ドイツ語圏スイスにおける学校音楽教育の改革
——J.R. ヴェーバーの唱歌教育改革論とその方法——

　これまで述べてきた通り、1830年代のスイスでは、ネーゲリがペスタロッチ主義による学校音楽教育の改革を遂行し、ネーゲリの教材と方法論は、1866年にJ.R. ヴェーバー（以下、単にヴェーバーと称す）が改革を行うまで、一部の改訂はされたものの実に30年以上の長きにわたってスイスの学校で使われ続けた[1]。しかし改革を行ったヴェーバーは、ネーゲリの「直接の弟子であり、真の後継者」[2]と目されている人物であるが、彼についてはその存在すらほとんど知られていない[3]。ヴェーバーに焦点を当てた先行研究は皆無であり、シプケやH. ヴェーバー（Heinrich Weber）がほんの数頁、彼の略歴と大まかな活動について概観している程度である[4]。また、ネーゲリによって改革され、ペスタロッチ主義の方法論と教材が導入されたスイスの学校音楽教育が、その後さらにどのように変革されていったのか、ネーゲリ後のスイスの学校音楽教育については、シプケ等の先行研究でヴェーバーが改革を行ったと書かれているだけであり[5]、その実態について詳細にこれまでの先行研究で取り上げられることはなかった。だが、スイスにおいてペスタロッチ主義の方法論が時代の変遷とともにどのように変革されていったのか、その点をヴェーバーの方法論の検討を通して明らかにすることは、ネーゲリの音楽教育からの継続性を明らかにするという意味でも、きわめて重要なことであろう。すなわち、スイスの学校音楽教育の改革をネーゲリ後に行ったヴェーバーは、まさにネーゲリ後のスイスの学

校音楽教育を語る上で、欠かすことのできない人物である。

　ヴェーバーが改革を行ったのは 1866 年であるが、その方法論の原案は、すでに 1849 年にベルンとチューリッヒで刊行された全 4 巻からなる『理論的実践的唱歌論』において発表されている。この教本は、第 1 巻の理論編と第 2-4 巻の実践編に分かれており、実践編のほうは、第 2 巻が初等学校、第 3 巻が中等学校、第 4 巻が高等学校と分かれ、それぞれにヴェーバーの考案した唱歌教育の方法論が載せられている。一方、理論編では、唱歌教育の歴史と方法論の変遷について、ヴェーバー独自の視点からまとめられ、考察されている。

　本章では、ヴェーバーがどのような方法論を持ってスイスの学校音楽教育の改革を成し遂げたのかを明らかにするために、まずはスイスの学校音楽教育改革の先駆者であり、彼の師であるネーゲリをどのように評価していたのか、またどのような点を批判し、考え方の相違はどのような点にあったのか、ヴェーバーの主著である『理論的実践的唱歌論』の第 1 巻：理論編の分析を通して、ヴェーバーの唱歌教育改革論を、特にネーゲリとの関係において考察する。その上で、『理論的実践的唱歌論』第 2 巻：初等学校編の方法論について具体的な分析を行う。そして、本書と同じく音楽の入門段階での方法論であり、ペスタロッチ主義の音楽教育方法論を代表する著作物であるプファイファー／ネーゲリの『唱歌教育論』の方法論との比較検討を、その構成や練習方法などに焦点を当てて行い、『理論的実践的唱歌論』が『唱歌教育論』から受けた影響を明らかにする。さらに、『唱歌教育論』との相違点も具体的に明らかにし、その相違がどこからきているのか、ペスタロッチ主義の方法論の変容を視野に入れながら考察していきたい。

第 1 節　ネーゲリ後のスイスの学校音楽教育の状況とヴェーバーの『理論的実践的唱歌論』(1849) の成立

　1833 年にネーゲリの『音楽掛図』と『学校唱歌集』がカントン・チューリッヒをはじめ多くのドイツ語圏スイスの必修教材になったが、ネーゲリが 1836 年に没した後、『学校唱歌集』は、1844-45 年にかけて一部改訂が行われている。ネ

19世紀中期ドイツ語圏スイスにおける学校音楽教育の改革

ーゲリの作成した『学校唱歌集』は、一部のコラールを除き、すべてネーゲリの作品で占められていたが、改訂版では、ネーゲリ以外の作品も多く含まれるようになった[6]。しかし、そのような改訂を経て、ネーゲリ以外の作品も多く学校教材に含まれるようになったとはいえ、1866年にヴェーバーが改革を行うまで、改訂された『学校唱歌集』と『音楽掛図』が、ドイツ語圏スイスの多くの地域で長らく必修教材であり続けた。もちろん、その間にネーゲリ以外の方法が全く提案されなかったというわけではない。例えば、1830年代のカントン・チューリッヒの教育改革をネーゲリとともに推進したシェールは、自らの実践経験をもとに唱歌教授に対する提案を行っている[7]。しかし、シェールの方法が実践されたという形跡は見当たらない。基本的には、ヴェーバーによる改革まで、ネーゲリの『音楽掛図』と改訂された『学校唱歌集』が、30年以上の長きにわたって使用され続けたのである。

　ヴェーバーは、ネーゲリと同じスイスのチューリッヒ近郊のヴェツィコンに1819年に生まれた。ネーゲリが1773年生まれのため、ネーゲリとヴェーバーとは、46歳の年齢差がある。1819年と言えば、すでにネーゲリはプファイファーとともに『唱歌教育論』を1810年に出版してからかなりたっており、ドイツではナトルプによる『手引き』の第2巻が出版される前年であり、ドイツにもペスタロッチ主義音楽教育が受容されつつあった頃である。ヴェツィコンでは、ネーゲリの兄が当地の牧師をしており、ヴェーバーは幼いころからネーゲリの兄の教会に通い、賛美歌を歌っていたとされている[8]。

　またヴェーバーは後に、「私はすでに1828年に9歳の時に（ヴェツィコンで）ネーゲリの『音楽掛図』をマスターした」[9]と述べているが、『音楽掛図』の出版が1828年であるので、ヴェーバーは出版直後に『音楽掛図』を学んでいたことになる。そして彼が13歳の1832年に、ネーゲリの兄であるヴェツィコンのネーゲリ牧師の勧めで、チューリッヒのネーゲリのもとを訪ねている。ネーゲリは、13歳のヴェーバーが作曲した処女作の2声、3声、4声の歌に目を通し、激励したという。その後もネーゲリは、1836年に亡くなるまでヴェーバーの良き助言者であり続けた。その間にヴェーバーは、唱歌教師になる決心をし、1835年にカントン・チューリッヒのキュスナッハ（Küsnach）の教師セミナ

ー（Lehrerseminar）に入学している。ヴェーバーが教師をめざしたのは、ネーゲリの影響だけでなく、すでに彼の2人の兄が教師になっているということも影響していると思われる。キュスナッハのセミナーではシェールに師事し、1837年に教師になった[10]。

しかし、ネーゲリの遺志を継ぎたいとの思いが強くなり、さらに勉強を続けるため1839年にドイツに渡り、はじめジルヒャー（Phillipp Friedrich Silcher, 1789-1860）のもとで学び、その後、ジルヒャーの友人のフレッシ（Frech）のセミナーに入った。そこで教育学と作曲法を学び、学校で実践する機会も得た。さらに、たくさんのコンサートを聴いたりオペラを見たり、著名な音楽家と知り合うなど充実した時間を過ごし、1840年秋にスイスに戻った[11]。

スイスに戻ったヴェーバーは、かつてペスタロッチの学校があったカントン・ベルンのミュンヘンブクゼー（Münchenbuchsee）の教師セミナーに就職し、教員養成に携わることになる。このミュンヘンブクゼーで彼は、4巻からなる大規模な唱歌論を執筆した。それが、彼の代表作となる『理論的実践的唱歌論』である。実際にヴェーバーによる唱歌教育の改革が行われたのは1866年だが、その際、必修教材として採用されたヴェーバーの1865年刊の『歌と練習』（Lieder und Übungen）は、この1848年の『理論的実践的唱歌論』の理論と方法に基づいたものであるため、ヴェーバーによる学校音楽教育の改革やその改革構想について検討するためには、この著書の検討は欠かせない。次に、この『理論的実践的唱歌論』の第1巻：理論編の検討を通して、ヴェーバーが、師であり、学校音楽教育改革の先駆者であるネーゲリをどのように評価していたのかについてみていく。

第2節　『理論的実践的唱歌論』にみるヴェーバーのネーゲリ評価

1．ネーゲリに対する音楽史上の評価

先述の通り、この著書は、全4巻からなる大著で、第2巻から第4巻は実践編として、ヴェーバーの考える唱歌教育の方法論について、初等学校、中等学校、高等学校と各1冊ずつかなり詳細に述べられているが、第1巻は、理論編

として、さらに4つの部分に分けられている（章末の**資料3**参照）。その第1部の「音楽史」の最後と第2部の第4項目に、ネーゲリについてまとめて述べられている箇所がある。

ヴェーバーは、ネーゲリについて「音楽史」のなかで、**資料3**の通り、ジョスカン・デ・プレ（Josquin de Près, 1450?-1521）やパレストリーナ（Palästrina, 1534-1594）、スカルラッティ（Affendro Scarlatti, 1685-1757）、バッハ、ヘンデルなどと並び、ハイドン、モーツァルト（Wolfgang Amadè Mozart, 1756-1791）、ベートーヴェンに続く最後に独立した項目として立てており、その目次を見ただけで音楽史の流れのなかでもかなり評価していたことがうかがえる。ヴェーバーはネーゲリについて、音楽史の流れのなかでは、特にスイスの民衆教育や民衆の歌唱に対する功績を高く評価し、次のように述べている。

> ネーゲリは、一般民衆教育の偉大な思想をペスタロッチの協力者のなかで最も深く把握し、それを彼の音楽作品できわめて効果的に作り上げた。彼は、自らの歌によって幼い子どもから成熟した大人まで人間形成を行った。あらゆる彼の音楽作品は、ある一つの偉大な唱歌教本［『唱歌教育論』を指すものと思われる――引用者］との関連において作られている。[12]

このように述べ、ネーゲリがペスタロッチの民衆教育の思想を音楽作品のなかに実現させ、子どもから大人まで音楽作品を通して人間形成を行ったと評価している。そして、以下のようにその民衆の歌に対する功績を高く評価している。

> ネーゲリは自らの表現手段を、音楽に特別な生命をもたらすリズムに、純正さと力を音楽にもたらすきわめて単純なハーモニーでの伴奏を伴ったわかりやすい旋律進行に、そして言葉に真理をもたらし、歌に高い精神的な荘厳さを与える歌詞のふさわしい取り扱いに求めた。ネーゲリは、民衆の歌に対して不朽の貢献をし、彼の歌によってそれはようやく真の荘厳さを得たのである。[13]

2. ネーゲリの唱歌教授の方法論に対する評価

　ネーゲリの唱歌教授の方法論については、**資料3**に示した通り、主として第2部の第4項「§20. プファイファーとネーゲリ」において、約11頁にもわたって詳細に述べられている。そこでは具体的に、プファイファーとネーゲリの『唱歌教育論』についてその概要をまとめつつ、評価を加えている。ヴェーバーは、ペスタロッチが人間教育者としてあらゆる教授に求めたことをプファイファーとネーゲリが唱歌教授において試みたとして、彼らが新しい方法論で行ったことの基本原理を次の4点にまとめている。

　　A. 人間形成の方法は、子どもの本質に結びついた内容と形式によること
　　B. 意識は能力（Vermögen）と、知識は技量（Können）と一致させるべきである
　　C. 学校教育は民衆教育をめざさなければならない
　　D. 芸術教育によって子どもの創造力が意識的に、そして力強く働かされるべきである [14]

　このうちネーゲリは、『唱歌教育論』において、リュトミーク、メローディク、ディナーミクの音楽の3要素に当たる部分と、音と言葉との結びつきに当たる部分が上の4点のなかのBに相当するとしている。そして、少しずつ段階を踏んで進めていく自然で容易な基礎課程は、子どもにとって一般の学校教育に適しているとして、易しいものから徐々に難しいものへという段階教授の方法がCに該当し、記譜法を取り入れていることがDに該当すると評価している。
　ヴェーバーはさらに、具体的にリュトミーク、メローディク、要素の結合、記譜法、音と言葉との結びつきについて、それぞれ項目を分けて数頁にわたって具体的に『唱歌教育論』について評価を加えているが、この著書に対する全体的な評価は、「方法論と芸術の領域における傑出した刊行物」であり、「壮大な作品」であるとしている [15]。そして、ヒラーやヴァルダー [16] ら先達の功績を挙げた上で、次のように述べている。

> ネーゲリは、大きな進歩を基礎づけた。彼は、音楽を要素に分け、…（中略）…それぞれの要素が完全になるまで訓練し、それらを再びきちんとしたやり方で結びつける。彼の歌は、音の表現だけでなく、言葉の表現でも十分に芸術作品とみなされる。しかしネーゲリの作品は、さらに高い理想に基づいているのである。彼は、自らの理論によって、人間全体を把握しようと望んだ。すなわち、生徒達の技量を可能な限り高めるだけでなく、それぞれ一つひとつの練習によって芸術感覚も呼び覚まし、高めることを望んだのである。そして実際に彼の練習、特に歌は、とても美しく、十分に真理と力を表現し、それらによって前述の目的に大部分で到達できたのである。[17]

このようにネーゲリの功績を高く評価し、さらに別のネーゲリの著作も引用しながら、「そのような高い唱歌教育の目的は、方法論者によって述べられたものではない」[18]と述べ、ネーゲリが単に唱歌教育の方法論者ではないことを強調している。そして、「ネーゲリは、…（中略）…芸術教育と、それによる一般人間教育を志向するというきわめて深い明瞭な課題を把握していた」[19]として、ネーゲリが芸術教育と、芸術教育を通しての人間教育を志向していたことを高く評価している。

3．ネーゲリに対する批判と音楽教育観の相違

以上のようにヴェーバーはネーゲリの功績をきわめて高く評価し、またその理念の崇高さも高く評価しているが、もちろん、ネーゲリに対する批判が全くないというわけではない。ヴェーバーは、ネーゲリのまさにその理想が高すぎたこと、完全な人間形成を求めすぎたことを取り上げ、「彼は、生徒がどれくらいの期間、教師に任せ続けられるのかということには留意せず、きわめて早い時期に学校を離れてしまい、彼の教育課程によっては芸術の楽しみを得られない生徒のことは考慮していない」[20]と述べている。つまり、ネーゲリの基礎教育の課程は、長いスパンで考えられたものであり、1830年代の教育改革で一応、国民学校の義務教育化は法律で制定されたが、現実には19世紀前半のス

イスでは義務教育すら完了できない子ども達が多数いたと思われるので、理想を追い求めすぎてそのような現実が把握できていない、ということをヴェーバーは批判しているのである。ヴェーバーは、「学校教育は幼い子どもにも合うものでなければならない。…（中略）…方法論は、可能な限り時間の節約がなされなければならない」[21]として、基礎練習をなるべく短期間で済ますべきだとの見解を示している。

　その他、細かい点での両者の考え方の相違はたくさん出てきている。すなわち、視唱を重視していたネーゲリに対してヴェーバーは、聴覚の訓練がきわめて重要であるとして聴唱を重視していたし、リズムの提示の順番については、「ネーゲリの著作でリズムの練習は段階的に配列されていない」と述べたり[22]、g, a, h, c と c, d, e, f という 2 つのテトラコードをつなげて g, a, h, c, c, d, e, f と歌わせるテトラコードを重視したネーゲリの独特な練習方法についても、c が音階の開始音なのに g から歌わせるのは問題だ、「根拠がない」と述べ、通常の音階で練習させるべきだと述べる[23]など、特にリズムと音階の練習に関する部分で細かい点で考え方にかなりの相違が出てきている。

　19 世紀前半に活躍し、1830 年代の教育改革に尽力したネーゲリと、19 世紀の中盤に活躍したヴェーバーとでは、何十年かの年代の差があり、また、ネーゲリ以降、ドイツでのペスタロッチ主義による音楽教育の方法の変遷もあって、ドイツで学んだヴェーバーがネーゲリを評価しつつも、その考え方とはかなり違った音楽教育観を持つようになったのも当然と言えるであろう。

第 3 節　『理論的実践的唱歌論』第 2 巻：初等学校編の理念と概要

　『理論的実践的唱歌論』は、「カントン・ベルンの一般国民学校の学校唱歌集の手引きとして」（als Anleitung zum Schulgesangbuch für die allgemeinen Volksschulen des Kantons Bern）作られたものである。ヴェーバーは、本書の実践編について、「国民学校での唱歌の授業に対する特別な、直接的な指導法を含む」[24]とし、それが 3 巻に分かれているのは、当時のカントン・ベルンの教育制度に則って作ったものであるからとしている。すなわち、「カントン・ベルンの国民学校は、6 歳

から16歳までの10学年」[25]であり、初等学校3年間、中等学校3年間、高等学校4年間と分かれているため、実践編も3つに分けたとヴェーバーは述べている[26]。

そのなかで第2巻の初等学校編は、いわば音楽の入門編であり、子ども達が学校に入って最初に学ぶ内容である。『理論的実践的唱歌論』第2巻：初等学校編の全体構成と概要は、章末の**資料4**の通りである。そこからわかる通り、同書では、学年ごとに課題が配置され、さらに1学年が4期に分けられている。また、同書は『学校唱歌集』の手引きとして作られたものであるが、『学校唱歌集』を使った練習が初めて出てくるのは、第3学年になってからである。すなわち第1・2学年では、『学校唱歌集』を使った練習は全くしていないということになる。

ヴェーバーは、『理論的実践的唱歌論』第2巻：初等学校編の序文において、歌唱練習について以下のように述べている。

　　　歌唱指導は、…(中略)…器官的な練習(die organische Übungen)と読譜練習(die Leseübungen)とに分けられる。器官的な練習は、発声器官、耳、声の養成を目的とし、方法論的に並べられた音、音の動き、音の結びつきの把握と再現にある。主観的には、聴覚、声、音の区別の練習に分けられ、客観的には、リズム、旋律、リズム・旋律・ディナーミク［を合わせた練習——引用者］、言葉の発音の練習に分けられる。…(中略)…それらは、常に読譜練習に先行する。その結果、あらゆる教材は、読譜練習で用いられる前に、器官的な練習で把握し、仕上げられなければならない。[27]

このように述べ、まずは声や聴覚、発声器官の訓練、リズム、旋律等の音楽要素の練習が楽譜を読むよりも先行すべきであるとしており、第2巻の序文のなかにもネーゲリらペスタロッチ主義からの影響が色濃く認められるであろう。

第4節　『理論的実践的唱歌論』第2巻：初等学校編の方法論と プファイファー／ネーゲリ『唱歌教育論』(1810)との関係

では次に、具体的に『理論的実践的唱歌論』第2巻：初等学校編の方法論は、ペスタロッチ主義の方法とどのような関係にあるのか、『唱歌教育論』との具体的な比較検討を通して、ヴェーバーの方法論のペスタロッチ主義からの影響、並びに相違点について明らかにしていきたい。

1．第2巻：初等学校編の方法論への『唱歌教育論』からの影響

　第2巻の序文で述べている通りヴェーバーも、音楽をリズム、旋律、ディナーミクのような構成要素に分けて考えており、そこが第一に、ヴェーバーの方法論がペスタロッチ主義からの影響を受けている点である。

　具体的に影響を受けていると思われるのは、以下の点である。第2巻：初等学校編の最初に、まずは音高をつけずに4分音符と4分休符だけで2拍子の拍を取らせる練習が来ており、それに同音の音高をつける練習、隣り合った2つの音をつける練習が続いている。また、4分音符からスタートし、隣り合った2つの音から3つ、4つと一つずつ音域を広げていき、その際、いきなり五線譜を導入するのではなく、以下の**譜例8-1**のようにまずは2音の導入の時は1線譜、3音～4音では2線譜、5音～7音の導入時には3線譜、というように音域を広げるたびに少しずつ必要な線だけを増やしていく。また、最初の段階では音符とともに数字譜も提示しており、数字譜を補助的に用いている。そして、最初に導入する音符が4分音符で次が8分音符、16分音符となっている。

譜例8-1 ▶ヴェーバーの音域拡張の方法
出典：J.R. Weber, a.a.O., 2.Heft, S.3, 8, 12.

19世紀中期ドイツ語圏スイスにおける学校音楽教育の改革

強弱に関しても、mpやmfではなく、m（=中くらいの強さ）を用いている。『唱歌教育論』でも、まずは音高をつけずに4分音符、8分音符、16分音符を取る練習をさせ、音高をつける練習においては、やはりいきなり五線譜を導入するのではなく、まずは次頁の**譜例 8-2** のようにテトラコードの導入で2線譜、音階の導入で4線譜、とその音域で必要な線だけを用いている。数字譜も導入期の段階で補助的に用いており、強弱もmpやmfではなくmを用いている。ペスタロッチ主義の方法の一つの特徴である問答教授については、『唱歌教育論』においては膨大な数の問答の事例が掲載されていたが、ヴェーバーの方法でも、『唱歌教育論』ほどではないが、要所で用いられている。

つまり、これらの導入期の音楽要素の提示の仕方、練習方法などについて、ヴェーバーの方法は、『唱歌教育論』の方法を踏襲しているとみなしてよいであろう。

譜例 8-2 ▶ 『唱歌教育論』におけるテトラコードと音階の導入
出典：Pfeiffer/Nägeli, *Gesangbildungslehre*, S.48, 52.

2．第 2 巻：初等学校編の方法論と『唱歌教育論』との相違点

一方、具体的な方法論において両者の間に大きな相違点もみられる。最も大きな相違点は、各要素の結合と歌の導入段階についてである。すなわち、『唱歌教育論』では、リズム、旋律、ディナーミクといった各要素の練習をそれぞれ完全に分離して行い、各要素について易しい課題からかなり難しいものまで完全にマスターしてからでないと次の要素の学習に入れないのであるが、ヴェーバーの方法では、まずは各要素の最も易しい課題をそれぞれ行ったらすぐにそれらを結合して簡単なフレーズを歌わせている。すなわち、4分音符での導入から始めるのは同じでも、『唱歌教育論』では、8分音符、16分音符の導入の後、さらに2分音符、全音符、32分音符、付点音符、連符など、あらゆる音符を導入してかなり複雑なリズム練習をさせた後で初めて、今度はリズムをつ

けないで 2 音、3 音、4 音などといった音高のみを区別する練習をさせている。そしてさらにリズムも音高もつけずに強弱のみの練習をさせ、それらの練習がすべて終わった後で初めてリズム、メロディ、強弱をつけた練習をさせる。その段階でもまだ歌詞はつけない。歌詞は、母音、子音の発音練習の後でやっとつけるのである。一方、ヴェーバーの方法では、4 分音符で 2 拍子を取る練習をさせた後にすぐ、2 音だけからなる 8 小節の簡単な 2 拍子のメロディをつけている。さらに、それに歌詞までつけており、すぐに簡単な歌は歌えるようになっているのである。すなわち、以下の **譜例 8-3** のような 4 分音符と 4 分休符、2 音だけからなる歌詞をつけた 8 小節のごく小さい練習歌を初等学校の第 1 学年の 4 分の 1 期の §4. の段階で、歌わせている。一方、『唱歌教育論』でごく短い歌詞つきのフレーズが歌えるようになるのは、後半の「特別な音楽論」の第 2 部になってからである。

譜例 8-3 ▶ 『理論的実践的唱歌論』第 2 巻：初等学校編　§4. の練習課題
出典：J.R. Weber, a.a.O., 2.Heft, S.3.

　その他の大きな違いとしては、『理論的実践的唱歌論』では、ut, re, mi という階名を第 1 学年の第 4 期という比較的早い時期に導入して頻繁に階名で歌わせているのに対して、『唱歌教育論』では、階名は全く導入していないことである。すなわち、『理論的実践的唱歌論』でも『唱歌教育論』でも、最初の段階では音名や階名ではなく la で歌わせているのは同じであるが、『唱歌教育論』では、C-dur の音階を導入する際に、c, d, e, f という音名を導入し、ut, re, mi という階名は導入していないのである。合唱の導入に関しても、『理論的実践的唱歌論』では、最初の課題でこそ、第 2 声部は上級生が歌うように指示しているもの[28]、初等学校の第 3 学年の第 1 期、同書のほぼ真ん中あたりに出てくるが、『唱歌教育論』では、後半の第 4 部、つまり最後に合唱の導入のための準備につ

いて書かれているにすぎず、実際に合唱を歌うのは、『唱歌教育論』が終了してからということになっている。このように、両者の間には、音楽要素の結合の仕方、歌や合唱の導入の時期に大きな違いがみられるのである。

第5節　ヴェーバーの方法論にみるペスタロッチ主義の方法論の変容

　では、このような両者の相違点はどのようなことに由来するのであろうか。第一には、ヴェーバーとネーゲリとの音楽の要素と歌に対する認識の相違にあると言えよう。ネーゲリは、前述の通り、音楽教育は、直観にすぐさま完成された芸術作品の全体を提示するようなやり方で行われるべきではないとして、まずは音楽を各要素に還元してそれらの要素の学習を完全にマスターしてからでないと歌には進めないとの考えを持っていた。それに対してヴェーバーは、音楽を要素に分けて練習することの重要性は説きつつも、「それらの練習に時間の大部分を割くべきではない。すなわち、きわめて少ない時間で行われるべきである」[29]と述べるなど、要素の練習にあまり多くの時間を割くべきではないとしている。そして、「それぞれの歌において、必要な練習そのものを行うことができる」[30]と述べ、歌そのものを練習課題とすべきとの考えを持っていた。「歌うことが最も重要である」[31]というヴェーバーの音楽教育観が、『理論的実践的唱歌論』の方法論に反映されていると言えるであろう。実際にヴェーバーの方法では、既習の事項だけで歌える簡単な歌をかなり早い段階から教え、そのあとで再び要素の学習に戻って新たな事項を学んでそれらの要素を結びつけた新しい歌を歌う、ということの繰り返しで徐々に複雑な要素を学んでいけるようになっている。すなわち、**譜例8-3**で示した4分音符と4分休符、2音だけの歌詞をつけた8小節の歌の後、音域を3音に広げる練習を行い、8分音符で4音域の歌を歌わせ、さらにその後では音域を5音域に広げ、16分音符を導入して5つの音で16分音符を使った歌を歌わせるなど、要素の学習に歌を交互にはさみながら徐々に複雑な要素へと進めている。

　このような要素の学習と並行して、既習の要素だけで歌える歌を早い段階か

ら歌わせて徐々に難しい要素を導入していくというやり方は、『唱歌教育論』の出版以降、ナトルプの『手引き』に代表されるようなドイツにおけるペスタロッチ主義の教本で取り上げられ、主流になっていったものである。ナトルプとの直接的な交流はなかったものの、ネーゲリの死後にヴェーバーは、1839年から1840年にかけてドイツに滞在して研鑽を積んでおり、ヴェーバーの方法には、このようなドイツにおいて変容したペスタロッチ主義の方法からの影響も大きいのではないかと思われる。

　ペスタロッチ主義の方法論の変遷について明らかにしていくためには、今後さらに、ヴェーバーの方法論へのドイツにおけるペスタロッチ主義の方法からの影響についても検討していく必要があるであろう。

註

1) Schipke, a.a.O., S.118.
2) Weber, Heinrich. "Hans Georg Nägeli's bedeutendsten Nachfolgern", *Neujahrsblatt der allgemeinen Musikgesellschaft in Zürich*, 1882, S.17.
3) 実際、MGGはじめ、ドイツの音楽事典にも、J.R.ヴェーバーの項目は存在せず、また名前も全く出てこない。
4) シプケの著書とH.ヴェーバーの論文において、J.R.ヴェーバーについての記述があるのは、以下の部分だけである。　Schipke, a.a.O., S.118-124.／Weber, H., a.a.O., S.17-22.
5) Schipke, a.a.O., S.118.
6) Ebenda.
7) Vgl. Scherr, Ignaz Thomas. *Leitfaßliches Handbuch der Pädagogik für Lehrer, gebildete Eltern und Schulfreunde,* 3Bde., Zürich: Orell Füßli und Companie, 1839-1847.
8) Weber, H., a.a.O., S.17.
9) Zit.n. Schipke, a.a.O., S.118.
10) 以上のヴェーバーの略歴については、主としてWeber, H., a.a.O., S.18.による。
11) Weber,H., a.a.O., S.18-19.
12) Weber, Johann Rudorf. *Theoretisch-praktische Gesanglehre*, 1. Heft. Theoretischer Theil, Bern: Stämpfische Verlagshandlung / Zürich: Friedrich Schultheβ, 1849, S.43.
13) Ebenda, S.44.
14) Ebenda, S.67-68.

15）Ebenda, S.77.
16）ヴァルダーは、18世紀後半にネーゲリの出身地であるカントン・チューリッヒのヴェツィコンで牧師をしていた人物であり、当地の教会での歌唱指導も行っていた。そして、『歌唱術への手引き』（Anleitung zur Singkunst, 1788）を著しており、第3章で取り上げた『スイスの歌』の作曲者シュミットリンとともに、ネーゲリに少なからぬ影響を及ぼした人物であると考えられる。
17）Weber, J.R., a.a.O.,1.Heft, S.78.
18）Ebenda, S.119.
19）Ebenda.
20）Ebenda, S.120.
21）Ebenda, S.171.
22）Ebenda, S.145.
23）Ebenda, S.148-150.
24）Weber, J.R., a.a.O., 2. Heft. Praktischer Theil, S.III.
25）Ebenda.
26）Ebenda.
27）Ebenda, S. Ⅸ.
28）Ebenda, S.75.
29）Ebenda, S.Ⅴ.
30）Ebenda, S.Ⅳ.
31）Ebenda, S. Ⅴ.

19世紀前期〜中期のスイス・ドイツにおける学校音楽教育の改革と合唱運動

資料3▶ヴェーバー『理論的実践的唱歌論』第1巻：理論編の内容構成

序　文
第1部　一般音楽史の報告 §1.ギリシャの音楽／§2.キリスト教音楽、単声の歌、アンブロジウス／§3.グレゴリウスⅠ世／§4.カール大帝／§5.グイド・ダレッツォ／§6.多声音楽、フランコ・フォン・ケルン／§7.デュファイ／§8.オケゲム／§9.ジョスカン・デ・プレ／§10.民衆の歌、ルター、ゴウディメル／§11.パレストリーナ／§12.ヴィアダーナ／§13.スカルラッティ(バッハ、ヘンデル)／§14.グルック／§15.ハイドン、モーツァルト、ベートーヴェン／§16.ハンス・ゲオルク・ネーゲリ
第2部　唱歌教授の方法の発展 §17.ルソー／§18.ヒラー／§19.ヴァルダー／§20.プファイファーとネーゲリ／§21.リントナー博士／§22.ナトルプ、グレーザー／§23.ゲルスバッハ／§24.ラインターラー／§25.アオバーレン／§26.ハインロート／§27.ホフマン
第3部　様々な唱歌方法論の論評 §28.方法論の主な相違点／§29.唱歌教授の目的／§30.聴唱と視唱／§31.意識して歌うこと、すなわち歌における自立／§32.音符か数字譜か？／§33.教材の要素化／§34.リュトミーク A.テンポ B.拍子 C.拍子記号 D.拍子づけ E.リズム F.リズムづけ G.音価／§35.メローディク A.最初は順次進行の練習か、あるいは跳躍進行の練習か？B.音階かテトラコードか？C.跳躍進行 D.偶然の音 E.調性／§36.旋律音の呼び方と名称 A.絶対的な音名と相対的な音名 B.音部記号 C.調号 D.5度圏・4度圏 E.読譜計画 F.音名唱／§37.ディナーミク／§38.音と言葉との結びつきの理論／§39.記譜法／§40.主観的な唱歌教授法
第4部　先述の批判結果を受けての唱歌法の記述 §41.唱歌法の記述への導入／§42.リュトミーク（A.-G.の細目は省略）／§43.メローディク Ⅰ.旋律練習（A.B.の細目は省略）Ⅱ.ハーモニーの練習（A.-C.の細目は省略）Ⅲ.記号と正式名称（A.-D.の細目は省略）Ⅳ.メローディクの構成の形 Ⅴ.のどの練習（A.-D.の細目は省略）Ⅵ.メローディクの段階的推移／§44.ディナーミク／§45.音と言葉との結びつきの理論／§46.呼吸法／§47.主観的な教材の配列／§48.クラスでの唱歌の授業／§49.多声の歌唱作品／§50.『学校唱歌集』

※ 網掛はネーゲリについて述べられた項目。点線は、ネーゲリについて多少なりとも言及があった項目。

19世紀中期ドイツ語圏スイスにおける学校音楽教育の改革

資料4 ▶ 『理論的実践的唱歌論』第2巻：初等学校編の全体構成と概要

はじめに／序論／目次／この手引きに含まれる歌と歌詞の練習の目録
初等学校の第1学年の4分の1期 §1. 拍子感の覚醒／§2. 1つの音を声に出し、その音でリズム練習をする／§3. 第2の音を習得し、それと最初の音を結びつける／§4. 習ったことを歌で使用する "Was ich thu"
初等学校の第1学年の4分の2期 §5. アウフタクトを伴った2拍子のリズム練習／§6. 第3の音の習得／§7. それらの練習を歌で使用する "Vom Sternhaus"／§8. 第4の音の習得／§9. 4音音階でのリズム旋律練習／§10. テンポを上げる／§11. 4音音階の歌での使用 "Fall mir ja nicht"
初等学校の第1学年の4分の3期 §12. 2拍子の練習／§13. 第5の音の習得／§14. 5音音階を用いてのリズム旋律練習／§15. 5音音階の歌での使用 "In unserm lieben Kinderhaus"／§16. 音の聴き分けの導入／§17. のどの訓練／§18. 音名／§19. テンポを速める／§20. 歌で速いテンポを用いる "Sonnenschein"／§21. 音名論の続き
初等学校の第1学年の4分の4期 §22. 聴き分け練習の続き／§23. 第6の小歌の練習 "Herum"／§.24. 音名でのリズム旋律練習
初等学校の第2学年の4分の1期 §25. 今まで習ったリズムの説明／§26. 視唱練習の続き／§27. 3拍子の練習／§28. 3拍子の小歌の習得 "Sonne am Himmel"／§29. 音の聴き分けの練習（跳躍）／§30. 習得した跳躍のリズム旋律楽句／§31. 小歌での跳躍の使用 "Gib mir die Hand"／§32. 難しい視唱練習／§33. 拍子の練習
初等学校の第2学年の4分の2期 §34. 音の聴き分け練習の続き（1, 3, 5; ut, mi, sol)／§35. 音の聴き分け練習の続き（2, 4; re, fa)／§36. §35. のリズム旋律練習／§37. これまでに扱ってきたリズム旋律楽句のある小歌の習得 "Der Frühling so helle"／§38. 3拍子のリズム楽句の記号／§39. 6番目の音を加えることによる音階の拡張／§40. リズム旋律練習における6つの音の使用／§41. 6音音階の歌での使用 "Den Heiland im Herzen"
初等学校の第2学年の4分の3期 §42. 読譜練習の続き／§43. 音の聴き分け練習の続き（1, 4, 6; ut, fa, la)／§44. これまでに出てきたパラグラフによるリズム旋律練習／§45. 小歌における四六の和音の使用 "Der Knabe muβ warden ein groβer Soldat"／§46. 読譜練習の続き／§47. 音の聴き分け練習の続き(7, 2, 4, 5; si, re, fa, sol)／§48. §47. のリズム旋律練習／§49. 音符によるリズム練習の記号／§50. 歌でのこれまでに習得した音形式の使用 "Der Luft ist so blau"

第2部 19世紀前期〜中期のスイス・ドイツにおける学校音楽教育の改革と合唱運動

初等学校の第2学年の4分の4期（今まで行った教材の復習） 第1・第2学年での追加 / 歌 :1.Stille. 2.Von der Katze. 3.Weihnachtslied. 4.Wiegenlied. 5.An den Fuchs. 6.Nach der Schule. 7.Wiegenlied. 8.Die Freude. 9.Ermunterung. 10.Gegensätze. 11.Aus dem Himmel ferne. 12.Marsch. 13. Tanz.
初等学校の第3学年の4分の1期 §51. 旋律法の名称。2音の読譜練習 / §52. 4拍の拍子を取る。暗譜で歌う : "Dank dir, o, Gott." "Gugu" / §53. 3音の読譜練習 / §54 リズムを取る（器官の練習）。暗譜で歌う : "Trarira" "Dämmernde Stille", §55. 4音の読譜練習 / §56. 最初の音のまとまりでの読譜練習 / §56.『学校唱歌集』の1-4番の歌の取り扱い
初等学校の第3学年の4分の2期 §57. 最初の音のまとまりでの器官練習の続き / §58. 2拍子での跳躍進行の読譜練習。A.5度の跳躍 B.3和音。『学校唱歌集』の5番と6番の歌の取り扱い C.3度の進行 D. 四六の和音。『学校唱歌集』での7番と8番の歌の取り扱い E. 属和音。『学校唱歌集』での9番の歌の取り扱い / §59. 最初の音のまとまりでの短調の器官練習。暗譜で歌う : "Vom todten Schwesterlein" "Los, Gritli, los" / §60. 読譜練習でのリズム取り。『学校唱歌集』の10番と11番の歌の取り扱い / §61. 3拍子でのリズム旋律の読譜練習 / §62. 3拍子でのリズム旋律練習の続き。『学校唱歌集』の12番の歌の取り扱い
初等学校の第3学年の4分の3期 §63. 2拍子（♩ ♫）でのリズムの器官練習、そしてそれを最初と2番目の音のまとまりと結びつける。暗譜で歌う : "O hatt' ich so ein Stimmlein frisch" / §64. リズムを取りながらのリズム旋律の読譜練習。『学校唱歌集』の13番の歌の取り扱い / §65. リズムを取りながらの読譜練習の続き。『学校唱歌集』の14番の歌の取り扱い / §66. リズム（♩ ♫ ♫）を伴った器官練習の続き。暗譜で歌う : "Wir Kinder wir haben der Freuden recht viel" / §67. 2拍子のリズムの読譜練習。『学校唱歌集』の15番の歌の取り扱い / §68. 2拍子におけるリズミカルな部分の読譜練習の続き。『学校唱歌集』の16番の歌の取り扱い / §69. 2拍子におけるリズミカルな部分の読譜練習の続き。『学校唱歌集』の17番の歌の取り扱い
初等学校の第3学年の4分の4期 §70. リズミカルな部分の器官練習の続き。（拍子の部分が半分の拍子の最初）暗譜で歌う : "Ich liebe dich" / §71. 3拍子におけるリズミカルな部分の読譜練習。『学校唱歌集』の18番の歌の取り扱い / §72. 3拍子におけるリズミカルな部分の読譜練習の続き。『学校唱歌集』の19番の歌の取り扱い / §73. 3拍子におけるリズミカルな部分の読譜練習の続き。『学校唱歌集』の20番の歌の取り扱い / §74. 短調の読譜練習。歌の習得 ; "Ein blinder Mann" / §75. 短調の読譜練習の続き。歌の習得 ; "Ein armer kranker Knabe" / §76. 短調の読譜練習の続き。歌の習得 ; "Im warmen Stübchen ist's bequem"
付録 : カノンと2声の歌 / 結語

第3部

ペスタロッチ主義の ジャック=ダルクローズへの影響

第9章

リトミックの理念：リズムの根本思想
── ペスタロッチ主義からの影響を視野に入れて──

　ジャック=ダルクローズの母親は、ペスタロッチが約20年間滞在し、彼の学園もあったスイスのイヴェルドンの出身で、ペスタロッチ主義の音楽教師でもあったとされている。したがって彼が、ペスタロッチ主義の影響を潜在的に受けた可能性は、容易に推察できるであろう。

　第3部では、ペスタロッチ主義のジャック=ダルクローズへの影響について、音楽基礎教育という視点から検討したい。まずは本章では、ジャック=ダルクローズの著作の検討を通して、リズムの根本思想、リトミックの理念について、ペスタロッチ主義からの影響を視野に入れながら考察したい。具体的には、ジャック=ダルクローズの訳書『定本オリジナル版 リズム・音楽・教育』（河口道朗編／河口眞朱美訳　開成出版、2009年）を基本文献として検討を進める。同書は、「定本オリジナル版」と銘打っている通り、「1920年のフランス語版をまず原典とし、1921年のドイツ語版をその一部補充の翻訳と見て、両者を逐一校合し、比較・検討する一方、英語版（1921）およびイタリア語版（1925）をも参照したうえで、欠落している部分を補充して訳出し定本と」[1]したものであるので、リトミックの理念を探るのに最もふさわしい文献であると思われる。特に今回のリトミックの理念についての検討では、リトミックのもととなったジャック=ダルクローズのリズム論に焦点を当てるという視点から、彼の「リズムの根本的な思想」[2]が現れている同書の「V 音楽と子ども（1912）」[3]を中心にしつつ、他

のところでも「リズムとは？」「リトミックとは？」とリズム論やリトミックの理念について述べられている箇所を抽出し、そこから彼のリズム論、リトミックの理念を明らかにしていく。

ただ同書はあくまで翻訳であるので、訳出された用語の意味が原語の意味をきちんと伝えているかどうか、言語の違いによる微妙なニュアンスの相違についてもチェックする必要があると考え、可能な限り原書との比較検討も加えた。原書については、さきほど述べた「V 音楽と子ども（1912）」に「ダルクローズのリズム論の核心的な部分の記述が存在する」[4] という1921年のドイツ語版を参照した[5]。

そして、ジャック＝ダルクローズのリズムの根本思想、リトミックの理念について検討する前提として、まずはリトミックという語のもともとの意味、古代ギリシャ時代のリトミックとリズムの意味を明らかにし、ネーゲリのリズム論を取り上げる。その上で、ジャック＝ダルクローズの『定本オリジナル版 リズム・音楽・教育』の検討を通して、リズムの根本思想、リトミックの理念に迫りたい。

第1節　リトミックの意味とリズム論の変遷

1. 古代ギリシャ時代のリトミックとリズム

今日、「リトミック」と言えば、ジャック＝ダルクローズのリトミックをさすものとして定着しているが、もともとリトミックという語は、リズム法、リズムの理論をさす言葉であり、ジャック＝ダルクローズが作った造語ではなく、はるか古代ギリシャにおいてプラトン（Platon, B.C.427-347）やアリストテレス（Aristoteles, B.C.384-322）も用いた言葉である[6]。

紀元前5世紀頃から、リズムという語は芸術の神ムーサとの関連で用いられるようになり、人間の身体や舞踊や器楽の規則的な動きを表した。プラトンは、リズムとは運動の基準、とりわけ身体運動の基準であると規定している。ギリシャ時代のリズムは、言語、音、身体運動を包括する法則で、そこに認められる秩序を探求するのがリズム法と拍節法であった。あらゆるリズム形成の基礎

となるものを、古典期には基本時(クロノス・プロトス chronos prōtos)と言った。基本時とは、ある一続きの運動において、人間の感覚が「短さ」として知覚する時間のことである。これに対して「短さ」が2つつながった時間が「長さ」とされた。古典時代のリズム法は、基本的にこの2つの時間の量、すなわち基本時1つ分の「短」と2つ分の「長」の計算に基づいていた。そして、その長短をさまざまに組み合わせて生まれるのが、脚韻と呼ばれるものである。「脚」という用語は、もともと舞踊のステップや足さばきを意味した語で、最も明確にリズムが現れ出る身体運動に関わる言葉である。

このようにリズムは、古来より身体運動との関わりで論じられてきたのである。それが、時代が進むにつれ、リズムは身体運動との関わりを離れ、単に音楽の時間構成を意味するものとのとらえ方が一般的になっていった[7]。

2. ネーゲリのリズム論

しかし、19世紀になっても、リズムを身体運動との関わりでとらえる考え方は存在している。ネーゲリは、1809年に『一般音楽新聞』に連載した論考[8]において、リズムと身体運動との関わりに関連した注目すべき内容の記述をしている。そこにおいてネーゲリは、音楽の基礎教育の目的を"Gymnastik"という語で表現している。ネーゲリの言うGymnastikとは、もちろん「体操」や「体育」などという狭い意味ではなく、生理的な意味での"Organ"の活性化を意味したものである。ネーゲリは、Gymnastikを低度のGymnastikと高度のGymnastikとに分けている。そして低度のGymnastikは、メカニックな目的のための身体のあらゆる部分の練習(ピアニストの指の訓練や声楽家の発声器官の訓練など)を通してOrganを働かせ、強化し、活性化し、完成させるものである。それに対して高度のGymnastikは、全体においてOrganisationを働かせ、完成させることを目標にしている[9]。そして彼は、低度のGymnastikの理想は、個々のOrganを一緒に働かせ、多方面のOrganの練習を通してOrganismusを利することであるとし、この理想に近づくものとして、舞踊(Tanz)を挙げている。ネーゲリは、「舞踊は最も表現豊かな存在であり、空間的存在の最高の表現である」[10]と述べ、舞踊を高く評価している。そして、高められた空間的存在を統制

するための絶対的な補助手段として、舞踊は音楽を必要とするのである。

　以上のような点から、音楽は時間芸術における人間的な表現であり、音楽のGymnastikの最終目的は、Organismusの活性化である、とネーゲリは考えていた。すなわち、ネーゲリにとって音楽は、「時間契機を表示する芸術」[11]であったため、何よりもまず、リズムの形態であった。リズムは、時間的な存在を生のプロセス（Lebensprozess）として直観の前にもたらすものであり、リズムによって音は、「時間の大きさ」として確定され、その量的な内容を得る[12]。つまりネーゲリにとってリズムは、諸音の結合によって時間の量を提示する純粋に量的で数理的なものであり、人間の生の時間性に関連するものであった。このような音楽の性質によって、リズムが音楽の根本的要素となる。リズム関係上の数の法則は、人間の持つ数学的な感覚によって直観に対してまったく明瞭に提示されるので[13]、リズムは、最も簡単かつ明瞭な概念として把握されうるものである。このことから、音楽教育が自然に合致したものであるためにはリズムを出発点としなければならないのである。

　このようなネーゲリの考え方は、ノルテが「音楽は運動器官（Bewegungsorgan）と感覚（Sinn）を発達させる［というネーゲリの——引用者］考え方は、19世紀の音楽教育のなかでほとんど顧みられなかったが、ジャック＝ダルクローズのリズム教育においてよみがえった」[14]と述べているように、ジャック＝ダルクローズのリトミックにつながるものとみなしてよいであろう。

　そしてネーゲリは、前述の通り『唱歌教育論』において、音楽における主要3要素の理論の一つとして、リュトミーク（Rhythmik）という用語を用い、リズム法としてかなり重視して使っている。このRhythmikという言葉がリトミックのドイツ語で、今日でもドイツ語ではリトミックのことをRhythmikと表記しており、もちろんジャック＝ダルクローズの『リズム・音楽・教育』の1921年のドイツ語版でもRhythmikというドイツ語＝リトミックとなっている。Rhythmikというドイツ語は現在では、リズム法とジャック＝ダルクローズのリトミックと、2種類の意味で使われている[15]。

　以上、リズムとリズム法、リズムの理論について、特に身体運動との関わりを視点として、その起源と思われる古代ギリシャのリズム論について簡単に触

れ、ネーゲリの身体諸器官を活性化させるというリズム論を取り上げて、その歴史的な経緯をたどってきた。このようなリズム論の歴意的経緯を踏まえ、次節では、ジャック＝ダルクローズの著作の検討を中心として、ペスタロッチ主義からの影響を視野に入れつつ、彼のリズムの根本思想を探りたい。

第2節　ジャック＝ダルクローズのリズムの根本思想

1．ジャック＝ダルクローズのリズムの根本思想とネーゲリからの影響

　さて、ではまずはジャック＝ダルクローズの訳書『定本オリジナル版　リズム・音楽・教育』において書かれている「1921年のドイツ語版にはダルクローズのリズム論の核心的な部分の記述が存在する」[16]とはどういうことなのか、以下に述べたい。前述の通り、同書は1920年のフランス語版が原典となっているが、実はそこに書かれていないジャック＝ダルクローズの「リズムの根本的な思想と見られる部分」[17]が、翌1921年刊行のドイツ語版に見られることがドイツ語版と比較検討したときに判明した、と同書の「オリジナル版について」のなかで同書の編者である河口道朗が述べている[18]。つまり、これまで日本で訳出されていた『リズム・音楽・教育』には欠落していたジャック＝ダルクローズの「リズムの根本的な思想」が、この「定本オリジナル版」には書かれているということであり、それは彼のリズム論を知る上できわめて重要なことである。他の版で欠落している「リズムの根本的な思想」が書かれているのは、前述の通り「Ⅴ　音楽と子ども」のなかである。2003年に同じく河口の監修で刊行された『リズム・音楽・教育』と比較すると、2003年の訳では肝心のその部分が約1頁強、欠落していることが確認できる[19]。前訳で欠落している部分には、次のようなことが書かれている。

　　　リズムは日常の労働において、すぐれた役割をはたす。リズムは動きをオートマチックにすることによって、一つひとつの動きを軽くするものである。またリズムはさまざまな力を呼び起こすし、力を温存することもできる。そして技能を高め、気のすすまない仕事を快適で拘束を感

じさせないようにする。

　　私の理論を裏づけるために、労働歌（Arbeitslied）を紹介しよう。労働歌はあらゆる手仕事の部門に見られ、そこで重要な役割を果たしている。[20]

このように述べ、「リズムの根源は人間の意識的活動——労働にある」[21]という彼の「リズムの根本的な思想」を示している。つまり、「リズムは主観的な思考や観念の産物としてではなく、肉体と労働にその源泉があるという客観的な見解が表明されている」[22]のである。「それはまた、ネーゲリのリズム観——自然界における光や動きにリズムの根源を認知する、といういわば自然主義的、観念論的なリズム観——を越えてさらに、いわば唯物論的なリズム観を提示している点でも注目される」[23]と同書のなかの「オリジナル版について」で編者の河口も、ジャック＝ダルクローズのリズムの根本思想にネーゲリのリズム観の影響を指摘している。すなわち、ジャック＝ダルクローズのリズム観は、そうしたネーゲリのリズム観を時代の変遷のなかで発展させたもの、ととらえることができるであろう。

2．ペスタロッチにおける労働と音楽との関わり

　ジャック＝ダルクローズのそのような思想は、彼と同時代のドイツの経済学者、カール・ビューヒャー（Karl Bücher, 1847-1930）の代表的な著書の一つである『労働とリズム』（Arbeit und Rhythmus, 1896）に由来することが、ドイツ語版の原註に明記されている[24]。なお、労働において労働歌が果たす役割や重要性については、ジャック＝ダルクローズよりも100年も前にペスタロッチが教育小説『リーンハルトとゲルトルート』（Lienhard und Gertrud, 1781-1787）のなかで、労働しながらや、労働の合間、労働が終わった後などに歌を歌う場面をたびたび描写しており、既にペスタロッチも意識していたことがうかがえる。ジャック＝ダルクローズにおける労働とリズムとの関わりについて検討する前に、ペスタロッチが労働において音楽をいかに重視していたか、少々、みていくこととする。例えば、以下のような場面がある。

| 第9章

リトミックの理念：リズムの根本思想

　そうした仕事をしながら［ゲルトルートは——引用者］、愛する者達に歌を教えたのであった。
　お父さんが帰っていらしたらこれを歌ってあげなければなりませんよ、と彼女は子ども達に言った。そして子ども達は、父が帰ってきたとき喜ぶだろうと思われるものを好んで学んだ。
　仕事をしながら、苦もなく、怠けることなく、楽譜もなしで、彼らは母について歌っているうちについに歌えるようになった。
　父が帰ってくると母が彼に挨拶し、それから歌った。すると子ども達も彼女とともに歌った。
(歌詞)天より来たりて悲しみ、悩み、苦しみを鎮める。
　　　倍の労苦を、倍の元気に変えるのだ。
　　　ああ私は疲れた、不安、苦しみ、
　　　自然の喜び！甘き安らぎよ！
　　　来たれ、ああ来たれわが胸に！
　母と子ども達みんながとても朗らかに安らかに歌ったので、リーンハルトの目には涙が浮かんだ。[25]

　これは、家庭内で母親が子ども達と糸繰りをしながら父親に歌って聴かせる歌を子らに教え、父親が帰ってきたときに子ども達が母から教えてもらった歌を歌うのを聴いて、父親が感動して涙を流したという有名な場面である。また、以下の場面では、労働が終わったときにみんなで一緒に歌を歌った様子が描かれている。

　その間に、ゲルトルートの子ども達は、その日の仕事を終えてしまって糸や紡車の始末をして、それから皆で歌った。
(歌詞)仕事はすんだ、お母さん！私たちの家の仕事はすんだ！
　　　今夜は皆で楽しくねんねして、あしたの朝は機嫌よくおきましょう。[26]

このようにペスタロッチは、家庭内での労働と歌とを素朴に結びつけ、歌に家族の絆を深めるという役割とともに、労働においても欠かせないものと位置づけていた。このような家庭内での母と子らの糸繰りの場面だけでなく、石工である父親のリーンハルトが仕事をしながら歌を歌う場面もあり、『リーンハルトとゲルトルート』には、労働歌がたびたび登場している。歌が労働にリズムを与え、効率を上げることをペスタロッチはよく理解していたものと思われる。ペスタロッチはまた、『リーンハルトとゲルトルート』のような小説のなかだけでなく、自身のイヴェルドンの学園で編集した『歌集』にも、牧人や羊飼いなど、スイスの自然のなかで働く人々を歌った歌を全94曲中9曲収録しており[27]、労働と歌との関わりを非常に重視していたことがうかがえる。

3. ジャック=ダルクローズのリズム教育論

ただ、ペスタロッチの時代は、家庭内でマニュファクチュアが盛んになりつつあった時代であり、まだ労働が手作業で行われていたので、『リーンハルトとゲルトルート』にみられるような素朴な労働と労働歌との関係が成り立っていた。また、当時のスイスの仕事といえば、家庭内での糸繰りなど以外は、牧人や狩人など、スイスの大自然と関わるような仕事が多かったのであろう。100年後のジャック=ダルクローズの時代には、もちろん事情は異なる。

> 近代的な生活が受け入れられ展開された結果として、多くの人々にリズム感が失われてしまった…(中略)…今日では機械が手仕事を追い払い、人間は機械の僕となってしまった。…(中略)…労働が人間の中で発達させた自然のリズムは、このとき衰えてしまった。[28]

つまり、労働の機械化によって人間の自然なリズムが失われてしまったとしているのである。

> しかしこのリズムを人間は再び取り戻さなければならない。見識ある教育は、その教育全体において、個々人の生まれながらのリズムを掘

第9章 リトミックの理念：リズムの根本思想

り起こす原動力、活力、気力を呼び起こすに違いない。…（中略）…リズムの練習は肉体の本性にかかわっており、気質の無機的な表れを発達させるものである。タクトの練習は知力と判断力に依存しており、コントロールの能力を伸ばすのである。タクトなしに身体を揺り動かし、それからタクトに合わせて表現する場合は、人間の特性、完全なる芸術家の特性が見られる状態となる。このようにして人間の心と知性、神経システムは、より高い能力に統合されて発達し、リズムと音楽に対する感覚が人間の中で目覚めるのである。[29]

このように述べ、人間の生まれながらのリズムを教育によって取り戻し、リズムと音楽に対する感覚を人間のなかで目覚めさせるという、ジャック＝ダルクローズのリズム教育論が認められる。このことについて河口は、以下のように述べている。

リトミックはこの見解と言説にもとづくリズム思想を根幹にして考案された、リズム訓練を中心とする音楽の基礎能力の形成をめざす方法論として構築されたといえよう。…（中略）…労働を原点とするリズムという思想をバックボーンとしてはじめて、リズムの方法論としてのリトミックは成立したといっても過言ではないと思われる。[30]

まさにそうしたジャック＝ダルクローズのリズムの根本思想が、リトミックを成立させたと言えるであろう。

4. リトミックの理念

ジャック＝ダルクローズは、「リズムはあらゆる芸術の基礎である」[31]とし、「音楽は響きと動きから成り立っている。音は動きの一形式であり、二次的な性質のものである。リズムは動きの一形式であり、一次的な性質のものである。それゆえに音楽の練習は秩序だった動きの力を経験することから始めなければならない」[32]と述べている。また、「私たちがリズムを体現し、知覚できるのは

147

肉体全体の動きによる」[33]、「筋肉は動くために作られており、リズムこそ動きである」[34]、「リズム意識は肉体全体の動きを繰り返し経験することによってしか発達しない」[35]などと述べ、リズムを体現するために体を動かさなければならないとしている。そして、「このリズム意識は随意筋すべてが協働することを必要とし、その結果リズム感覚を生み出すために、体全体を動かすように教育しなければならない」[36]と述べ、音楽とリズム、そしてリズムから動きへという関係性に言及している。リズム意識を高めるために体全体を動かさなければならない、というところから、リトミックは誕生したと言えるであろう。さらに、「有機体全体に作用する以外にも、リトミックはさらに音楽芸術自体にもある作用を及ぼしている」[37]として、音楽芸術のなかでリトミックを次のように定義づけた。

　　音楽のリトミックは響きと動きと静止状態の休止との間にバランスを確立する芸術である。それはまた、様式を生み出し確立するコントラストとバランスの法則にしたがって、すなわち個性を生む持続とダイナミズムのニュアンス、…（中略）…音の色、強さ、鋭さといったニュアンスにしたがって、一方を他方と対比させ、一方を他方によって準備させる技術でもある。[38]

上の言葉に、リトミックの理念が表れていると言えるであろう。

以上、ジャック＝ダルクローズの言葉を引用しつつ、『リズム・音楽・教育』の従来の版では肝心の箇所が欠落していたためにほとんど知られていなかった彼の労働を原点とするリズム論を中心として、「リトミック」の語源を踏まえた上で、リズムと音楽、さらにリズムから動きへの関係性、リトミックの体全体への作用から音楽芸術への作用まで、ジャック＝ダルクローズのリズムの根本思想、リトミックの理念について再考してきた。ジャック＝ダルクローズ自身は、ペスタロッチ主義からの影響については何ら言及していないが、これまでみてきたところから、ネーゲリのリズム論やペスタロッチの労働と音楽との関わりについてのとらえ方が、ジャック＝ダルクローズがリズムの根本思想、リ

トミックの理念を確立していく過程で少なからぬ影響を与えていたとみてよいであろう。

註

1) 河口道朗「オリジナル版について」ジャック゠ダルクローズ『定本オリジナル版 リズム・音楽・教育』(以下、この文献は『定本オリジナル版』と略称)河口道朗編／河口眞朱美訳、開成出版、2009年、ix-x頁。
2) 同上、vi頁。
3) ジャック゠ダルクローズ「V 音楽と子ども(1912)」同書、73-92頁。
4) 河口「オリジナル版について」同書、ix頁。
5) Jaques-Dalcroze, Emile. *Rhythmus, Musik und Erziehung,* Aus dem Französischen übertragen von Dr. Julius Schwabe, Wolfenbüttel: Hecker,1977.[Unveränderter reprographischer Nachdruck der Ausgabe Basel, 1921]
6) Seidel, W.「リズム法 Rhythmik[独]」『メッツラー音楽大事典』(日本語DVD版)。
7) 古代ギリシャのリズム法とリズムについては、同上事典の「リズム法」の項目のほか「リズム」の項目も参考にしてまとめた。
8) Nägeli, "Die Pestalozzische…", Sp.769-776, 785-793, 801-810, 817-845.
9) Ebenda, Sp.771.
10) Ebenda, Sp.772.
11) Ebenda.
12) Ebenda, Sp.773-774.
13) Ebenda, Sp.790.
14) Nolte, a.a.O., S.36.
15) 例えば、前掲の『メッツラー音楽大事典』において、「リズム法 Rhythmik (独)」の項目には、1)にいわゆるリズム法についての解説がされ、2)の意味としてリトミックが挙げられている。
16) 河口「オリジナル版について」前掲書、ix頁。
17) 同上、vi頁。
18) 同上、v-vi頁。
19) ジャック゠ダルクローズ『リズム・音楽・教育』河口道朗監修／河口眞朱美訳、開成出版、2003年。『定本オリジナル版』の80-81頁に書かれている内容が、2003年の版では、当該箇所(39頁)から欠落している。
20) ジャック゠ダルクローズ「V 音楽と子ども」『定本オリジナル版』、80頁。
21) 河口「オリジナル版について」同書、xi頁。

22）同上、vi 頁。
23）同上。
24）Jaques=Dalcroze, a.a.O., S.63.
25）Pestalozzi, "Lienhard und Gertrud", *Pestalozzi's Sämtliche Werke: Kritische Ausgabe*, hrsg. v. A.Buchenau, E.Spranger, H.Stettbacher, Bd.2, 1995〔初版：1927〕, S.50.
26）Ebenda, Bd.1, S.251.
27）筆者は、ペスタロッチのイヴェルドンの学園で編集された『歌集』について、全94曲の歌詞の分析を行っている。
　　参照：関口博子「ペスタロッチの学園における子どもの唱歌活動と唱歌教育──イヴェルドンの学園で編集された『歌集』(1811) の分析を通して──」『長野県短期大学紀要』第56号、2001年、67-77頁。
28）ジャック＝ダルクローズ「Ⅴ　音楽と子ども」『定本オリジナル版』、80頁。
29）同上、80-81頁。
30）河口「オリジナル版について」同書、xi頁。
31）ジャック＝ダルクローズ「Ⅳ　リズム入門(1907)」同書、65頁。
32）同上、69頁。
33）同上、62頁。
34）同上、63頁。
35）同上、62頁。
36）同上、63頁。
37）ジャック＝ダルクローズ「Ⅶ　リトミックと作曲(1915)」同書、119頁。
38）同上、120頁。

第10章

ペスタロッチ主義の歌唱教本とダルクローズ・ソルフェージュ

　前章で述べた通り、ジャック゠ダルクローズのリズム論には、ペスタロッチ主義からの影響が少なからずうかがえる。しかし、ジャック゠ダルクローズのメソッドとペスタロッチ主義音楽教育との関係については、これまで具体的な比較検討がほとんどなされてこなかった。もちろん、ジャック゠ダルクローズとペスタロッチやネーゲリらとは、年代的に100年近い開きがあるため、両者の方法には大きな隔たりもあるであろう。

　本章では、ジャック゠ダルクローズとペスタロッチ主義音楽教育との関係性を浮き彫りにする一つの試みとして、『ダルクローズ・ソルフェージュ（全3巻）』（板野平／岡本仁訳、国立音楽大学出版部）とプファイファー／ネーゲリの『唱歌教育論』、ナトルプの『手引き』との具体的な比較検討を行い、それらの共通点（類似点）と相違点を明らかにする。さらに、「教材性」[1)]という別の視点からも、『ダルクローズ・ソルフェージュ』と上の2つのペスタロッチ主義の教本との比較検討を行い、両者の関係性に迫りたい。

第1節　ダルクローズ・メソッドの体系とペスタロッチ主義音楽教育

　ジャック゠ダルクローズとペスタロッチ主義音楽教育、特にネーゲリとの関

係については、多くの先行研究のなかで指摘されてはいるものの、たいていはほんのひとこと、触れられている程度にすぎない。そのなかで唯一、1913年に著されたベップレ（Paul Boepple）の論文は、100年前と今日（=1913年頃）の学校唱歌の目標という観点から、ネーゲリからジャック＝ダルクローズまでの100年間のスイスの学校唱歌の変遷をたどりながら、両者の関係性に焦点を当てている[2]。ベップレのまとめたダルクローズ・メソッドの体系と『唱歌教育論』の前半「一般的音楽論」の構成を示したものが、以下の**表10-1**である。ベップレが、「一見しただけでジャック［＝ダルクローズ——引用者］が彼のメソッドの模範をネーゲリに見出だしたであろうと推察されうる」[3]と述べている通り、**表10-1**からは、特にまず第一にリュトミークとリズム運動がきているところ、そして次にメローディクと音階、調性、音程といったソルフェージュが続くところに、両者の関連性が見出だされるであろう。

『ダルクローズ・ソルフェージ』はその副題に、「音階と調性、フレーズとニュアンス」と書かれており、**表10-1**のダルクローズ・メソッドの体系の分類では3.にあたるものであろう。そしてそれに対応するのは、『唱歌教育論』のなかで「音階と調性」に関しては2.のメローディク、「フレーズとニュアンス」に関しては4.の音の要素の結合と5.の記譜法であろう。このベップレの整理した

表10-1 ▶ ダルクローズ・メソッドとペスタロッチ主義音楽教育との関係

ダルクローズ・メソッドの体系	プファイファー／ネーゲリ『唱歌教育論』の「一般的音楽論」
1. リズム運動（Rythmische Gymnastik）	1. リュトミーク（Rythmik: 音の長短）の基礎理論
2. 楽譜の構想（Notenplan）の研究	2. メローディク（Melodik: 音の高低）の基礎理論
3. 音階と調性、フレーズとニュアンス	3. ディナーミク（Dynamik: 音の強弱）の基礎理論
4. 音程と和音	4. 音の要素の方法論的結合（リュトミーク、メローディク、ディナーミクの結合）
5. 即興演奏とピアノ伴奏	5. 記譜法（音と音関係を理解し、統合し、書き取る）

第10章　ペスタロッチ主義の歌唱教本とダルクローズ・ソルフェージュ

ダルクローズ・メソッドの体系と『唱歌教育論』の全体構成を視野に入れながら、具体的に『ダルクローズ・ソルフェージュ』と『唱歌教育論』との比較検討を行いたい。

ジャック＝ダルクローズは、『ダルクローズ・ソルフェージュ』第Ⅰ巻の冒頭「総論」において、「教師が最初に配慮すべきことは、全音と半音の相違を、生徒によくわからせることである」[4]と述べ、全音と半音の相違をわからせることを、ソルフェージュ教育のスタートとするよう指示している。それは、現在のソルフェージュ教育の実践においてもきわめて重要なことであろう。

よってここでは、ジャック＝ダルクローズがソルフェージュにおいて特に重視した音階とそれを構成する音程を中心に、詳細にその導入や練習方法に焦点を当てたい。なおその際には、ペスタロッチ主義の教本として『唱歌教育論』のみならず、ナトルプの『手引き』も検討に加える。というのは『手引き』は、『唱歌教育論』出版直後のドイツにおけるペスタロッチ主義音楽教育の受容にきわめて大きな影響を与えたものだからである。『ダルクローズ・ソルフェージュ』と2つのペスタロッチ主義の教本とは、年代の相違のみならず、前者が専門教育につながることを目的としたテキストであるのに対して、後者は学校教育という一般教育で用いるために作られたテキストであり、その使用対象者が大きく異なる。しかし、いずれも調性のはっきりとした音楽を前提としたソルフェージュ・テキストであるため、調性音楽の基礎とも言える音階とそれを構成する音程について、その導入と練習方法を比較検討する妥当性はあると思われる。

では次に、『唱歌教育論』『手引き』から『ダルクローズ・ソルフェージュ』まで、それぞれの音程・音階の導入とその練習方法を具体的に比較検討し、共通点（類似点）と相違点とを明らかにしたい。

第2節　音程・音階の導入とその練習方法

1.『唱歌教育論』

同書では音程や音階は、前半の「一般的音楽論」の第2部「メローディクの基礎：すなわち音の高低の指導と練習」で詳しく扱われている。ちなみにその前の

第1部はリズムに関することである。

『唱歌教育論』では、音程・音階の導入に際して最初は、g^1-a^1 という全音を、それから g^1-a^1-h^1、h^1-a^1-g^1 という上行音列と下行音列を、続いて g^1-a^1-h^1-c^2 というテトラコードを最初に教師が歌ってみせ、その後で子ども達に歌わせる。繰り返し歌わせるなかで h^1-c^2 という音程が g^1-a^1、a^1-h^1 と異なっていることに気づかせる。ここで、全音と半音の違いをわからせ、音階導入の前段階として、全音 - 全音 - 半音からなるテトラコードの構造を理解させる。次にテトラコード（g^1-a^1-h^1-c^2）に数字をつけ、テトラコード内の順次進行の練習を、続いて跳躍進行の練習を la または数字で行う。この際、g^1 が 1 になる。その後で、2つ目のテトラコード（c^2-d^2-e^2-f^2）を導入し、2つのテトラコードを結合して数字をつける（**譜例 10-1**）。ここで注意しなければならないのは、ここでも g^1 が 1、c^2 は 4 であるということである。

譜例 10-1 ▶
出典：Pfeiffer/Nägeli, *Gesangbildungslehre*, S.52.

次に、結合したテトラコード内（g^1-f^2）の順次進行、4度までの跳躍進行を c^2 (4) から歌い始め、歌い終わらせる練習をする。このことにより、c が中心音であることを認識させることができ、音階導入の準備ができる。5～7度音程の導入とその練習を行った後、3つ目のテトラコード（c^1-d^1-e^1-f^1）を導入し、テトラコードの2つの接続の仕方を提示する（**譜例 10-2**）。

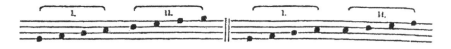

譜例 10-2 ▶
出典：Ebenda, S.57.

そして1つ目の接続の仕方のテトラコード（ディスジャンクトのテトラコード）を、c^1 を起点として c^1-d^1-e^1-f^1-g^1-a^1-h^1-c^2 と歌わせる。ここで初めて C-dur の長音階が導入されるが、まだ音階の説明はない。次に2つ目の接続の仕方のテトラコード（コンジャンクトのテトラコード）を c^1-d^1-e^1-f^1-f^1-g^1-a^1-b^1 と歌わせる。その際、h と b の違いに注意させる。これは、調性の導入を準備するものである。

その後、五線譜表、音名、ハ音記号を導入し、五線譜上で音名を確認させる。続いて♯と♭を導入し、コンジャンクトのテトラコードによって♭系の音名を、ディスジャンクトのテトラコードによって♯系の音名を導入する。最後に**譜例 10-3** を提示し、全音階（＝C-dur の長音階）と半音階の構造を理解させる。つまり、ここで初めて長音階の構造について説明される。なお、短調の音階については触れられない。

譜例 10-3 ▶
出典：Ebenda, S.67.

2.『手引き』

ナトルプの『手引き』でも、『唱歌教育論』と同様、最初にリズムを扱った後、音程・音階を導入しているのであるが、『手引き』は2巻構成になっていて、「メローディク、すなわち音程と音列の理論」という項目が、第1巻と第2巻と2回に分かれて出てきているところが『唱歌教育論』と大きく異なっている。つまり『唱歌教育論』では、最も易しい全音と半音の導入からきわめて難しい半音進行まで、前半の第2部のなかで短調以外、音程・音階に関してすべて教えるのに対して、『手引き』では、第1巻では易しい課題のみ、難しい課題は第2巻に入ってから、というように易しい課題と難しい課題を分けて扱っている。具体

的には、第 1 巻では幹音のみを扱い、派生音は第 2 巻で扱っている。『手引き』では、第 1 巻の「メローディク」の最初に長音階の説明がきている。つまり長音階とは、2 全音 + 1 半音 + 3 全音 + 1 半音という構成になっていることが最初に示され、C-dur の長音階を音名と数字を同時につけて提示する (**譜例 10-4**)。

譜例 10-4 ▶
出典：Natorp, a.a.O., 1.Bd., S.39.

そして具体的な音程練習では、まずオクターヴ (c^1-c^2) の練習をさせ、続いて完全 5 度・4 度 (c^1-g^1・c^2-g^1 等) の練習、トニックの分散和音 (c^1-e^1-g^1-c^2 等) を歌わせる練習と行った後、順次進行の練習 (c^1-d^1-e^1 等) をさせ、オクターヴ以内のすべての音程練習をさせる。第 1 巻の後ろのほうでは、幹音のみがオクターヴを超えて 10 度以上の広い音域の音程練習をさせている。第 2 巻では、♯と♭のついた音程練習が行われる。半音進行の練習、C-dur から途中で G-dur に転調する旋律、異名同音を含む音程練習等である。そして第 2 巻の最後のほうで短調が導入されている。

3.『ダルクローズ・ソルフェージ』

『ダルクローズ・ソルフェージ』は全 3 巻構成であり、その第Ⅰ巻の「総論」「音楽の書き取り」という序論の後、「音階と調性」の最初が「長音階」となっている。そこではまず、do (ハ) 調音階が取り上げられ、次頁の**譜例 10-5** を提示して長音階が 2 全音 + 1 半音 + 3 全音 + 1 半音という構成になっていることが最初に示される。

そしてさまざまなリズム型を用いた音階練習をさせ、piano や forte といった強弱、crescendo や diminuendo、アクセントなど、ニュアンスの法則がすぐに

第10章 ペスタロッチ主義の歌唱教本とダルクローズ・ソルフェージュ

音階や旋律の練習に登場する。さらに、Ⅰ～Ⅶまでの数字を用いた旋律の練習も行わせている（**譜例 10-6**）。

　そして、do（ハ）調音階を上行－下行させた後、fa を fa# で歌わせることで sol（ト）調音階から嬰種音階を導き、反対に do（ハ）調音階を下行－上行させた後、si を si♭で歌わせて fa（ヘ）調音階から変種音階を導くという方法で他の調を導入している。こうしてさまざまな調の音階・旋律練習を行わせつつ、同時にaccelerando、rallentando などのニュアンスや、強拍、弱拍、ブレスなどのフレーズを意識させるように指示している。なお第Ⅰ巻では、長調の練習だけで短調は取り上げられていない。

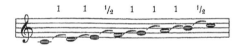

譜例 10-5 ▶
出典：『ダルクローズ・ソルフェージュ』第Ⅰ巻、12頁。

譜例 10-6 ▶
出典：同書、24頁。

第3節　音程・音階の導入とその練習方法にみる『ダルクローズ・ソルフェージュ』とペスタロッチ主義の教本との共通点（類似点）と相違点

1．共通点（類似点）

　以上、ペスタロッチ主義の2つの教本と『ダルクローズ・ソルフェージュ』について、音程・音階の導入とその練習方法に絞って検討してきた。では、それらにはどのような共通点や類似点があり、相違点があるのか、次にその比較を試

157

第3部 ペスタロッチ主義のジャック＝ダルクローズへの影響

みたい。

　まず、ここで取り上げた3つの教本の共通点（類似点）であるが、第一に挙げられるのは、全音と半音の区別についてである。本章の最初に引用した『ダルクローズ・ソルフェージ』の第Ⅰ巻冒頭「総論」の言葉から、ジャック＝ダルクローズが全音と半音の相違をわからせることを音階導入の第一段階としていたことは明らかである。一方『唱歌教育論』では、先述の通りまず g^1–a^1 という全音を、それから g^1–a^1–h^1–c^2 というテトラコードを歌わせ、そのなかで h^1–c^2 という音程が g^1–a^1、a^1–h^1 と異なっていることに気づかせ、そのことで全音と半音の違いをわからせるという方法を採っている。また『手引き』では、「全音と半音について理解されなければならないということは、…（中略）…教師の誰もがよく知っている」[5]と述べ、ナトルプも、全音と半音の相違を理解させることが音階導入の前段階と考えていたことがうかがえる。

　第二の共通点は、程度の差こそあれ、いずれも音程・音階練習に数字を使用していることである。『唱歌教育論』では、五線譜を導入する前の段階で数字譜を用いていたし、『手引き』では、初版ではすべての楽譜が音符ではなく数字譜のみで記載され、本章で引用している第3版ではすべての楽譜に音符と数字譜の両方がつけられている等、『唱歌教育論』以上に数字譜を重視していた。また、『ダルクローズ・ソルフェージ』でも、前節で示した**譜例10-6**のような数字を用いた音階・旋律練習を頻繁に行わせている。

　第三の共通点は、いずれも最初に提示される音階が C-dur の長音階であり、短調の導入はかなり後になってから行うというところである。『唱歌教育論』では、第2部のメローディクでは長調しか扱わず、短調（それも a-moll のみ）を第5部で初めて導入しているだけである。これは、「短調は複雑な音関係に基づいており、さまざまな変化（Ausweichung）を必要とする」[6]ので、早期に導入してはならないとするネーゲリの考え方による。『手引き』でも、短調は第2巻の「メローディク」の項目の最後に a-moll のみを導入しているだけである。『ダルクローズ・ソルフェージ』でも、第Ⅰ巻と第Ⅱ巻はすべて長調の練習であり、第Ⅲ巻の後半で初めて短調が導入されている。そのことについては、長音階に入ったところの注1に「短音階はずっと後になってから学ぶ。do（♯, ♭）から常に始

まる長音階…（中略）…を学んでしまうと聴覚はすでに主音として、Ⅵを把握する準備をしたことになる」[7]と書かれており、まずは長音階を徹底して学ばせようという意図がうかがえる。

2．相違点

　以上のように3つの教本には、多くの共通点（類似点）がみられたが、もちろん、音程と音階ということに限ってみても、それぞれには大きな相違点もあった。ここでは、3つの教本の相違点をまとめながら、なぜそうした相違があるのかについて考察したい。

　まず、3つの教本で最も大きな相違は、テトラコードの扱いに関してである。『唱歌教育論』では、音階に入る前にまず全音－全音－半音という構造のテトラコード（すなわちg. a. h. cとc. d. e. f）を音階の基本構造として導入している。つまり同書では、全音－半音の区別から音階の導入までの間にもう一段階が置かれていると言える。そこには、『唱歌教育論』が19世紀初期の一般の民衆の子ども達を対象としているため、彼らに全音－半音からいきなり音階を提示するのには無理があるであろうというネーゲリの配慮が感じられる。また、全音－全音－半音のテトラコードを軸にしてC-durの長音階にとどまらず、♯と♭を持つ音程の導入、半音階、さらには他の長調への導入も準備するなど、音程・音階の中心に常にテトラコードを置いていることに、『唱歌教育論』の大きな特徴がある。

　一方、同じペスタロッチ主義の教本でも『手引き』では、まず2全音－1半音－3全音－1半音という長音階の構造について説明し、さまざまな音程練習の後、第2巻で全音－全音－半音の構造を持つ2つのテトラコードが合わさって長音階ができているという説明がなされる。つまり、『唱歌教育論』のようにテトラコードから音階を導入するのではなく、まず音階を導入して、かなりたってからテトラコードについて説明しているので、『唱歌教育論』とは順序が逆になっている。また、テトラコードについては簡単に説明するだけで、その扱いはかなり小さいものとなっている。

　『ダルクローズ・ソルフェージ』では、全音と半音の区別がついた後はすぐに

長音階を導入し、第Ⅱ巻に「4音列」という項目が出てくるが、全音－全音－半音の構造を持つテトラコードが音階の基本構造であるということにはまったく触れられていない。つまりここでは長音階は、全音－全音－半音の構造を持つ2つのテトラコードが結合されたものとは考えられていないのであろう。

よって、全音－全音－半音の構造を持つテトラコードについては、『唱歌教育論』ではそれがあらゆる音階の基本構造であるとして重視し、『手引き』では、音階を構成するものであるということは認識しつつもそれには触れるだけである。そして『ダルクローズ・ソルフェージ』に至っては、それが音階の基本構造であるという認識さえない等、音階の構造についての認識の相違が三者の間にあると言える。そのなかで『手引き』は、長音階の構造の認識について『唱歌教育論』と『ダルクローズ・ソルフェージ』との中間にあると言えよう。

また、音程を導入する際に最初に提示される音も異なっている。『ダルクローズ・ソルフェージ』では、do'(つまりc^1)が起点となっている。一方の『唱歌教育論』では、最初に提示する音はc^1ではなくg^1となっている。したがって数字譜では1は開始音のg^1であり、c^2が4となる。なおc^1は、五線譜導入後に歌わせるので、数字で歌わせることはない。なぜ最初に提示する音がcでなくgなのかについてはネーゲリが、c^1は生理学的にみて子どもにとって低すぎるなどの理由を挙げている[8]。もちろん、ネーゲリにとってもcが音階の中心音であるという認識に変わりはなく、c^2(4)を中心音とした音程練習を数多くさせている。したがって『唱歌教育論』は、c^1-c^2というC-durの音階の並びにこだわらず、子どもが出しやすい音から音程練習を始めていると言える。そこにも、子どもの生理的特質を踏まえたネーゲリの教育的配慮がみられよう。なお『手引き』では、最初に提示される音はc^1であり、それが数字の1となる。

音程・音階以外の要素(リズム、拍子、ニュアンス等)の扱いに関しては、『唱歌教育論』では、まずはリズム、旋律、ディナーミクといった音楽要素を別々に練習させているため、音程練習や音階の導入に際してはそれ以外の要素は一切排除し、ひたすら正しい音程で歌うための練習のみを行わせているのであるが、『ダルクローズ・ソルフェージ』では、音階や旋律練習の際にそれをさまざまなリズム型や拍子で歌わせたり、ニュアンスやフレーズの練習も同時にさせ

第10章 ペスタロッチ主義の歌唱教本とダルクローズ・ソルフェージュ

ている。

　このような両者の中間に位置するのが、『手引き』と言える。『手引き』では、まずリズムの練習を行ったあと、『唱歌教育論』とは異なって、それまでに習ったリズムを音程・音階とすぐに結びつけて練習させているのであるが、その第1巻では、リズムとしては4分音（休）符しか出てこないので、第1巻の音程や旋律の練習の際にはリズムはほとんど考慮されない。しかし『手引き』では、第1巻でまだディナーミクを取り上げる前の段階にもかかわらず、フェルマータやcresc.、dim.、ppなど、強弱やフレーズ、ニュアンスに関わることが後半の一部の練習課題に登場している。さらに第2巻では、音程・音階の前に全音符から16分音符までのリズムが導入されるため、それらのさまざまなリズムをつけた旋律練習が行われる。よって『手引き』の音程・音階練習は、第1巻の前半は『唱歌教育論』に近く、その後半から第2巻は『ダルクローズ・ソルフェージ』に近いと言えるであろう。

　音程・音階の練習の際に他の要素も結びつけた練習をさせるという方法は、『手引き』以降、他のペスタロッチ主義の教本でも行われ、普及し定着していった。よって、『ダルクローズ・ソルフェージ』における音階練習にすぐにリズム等をつけて行うという練習方法は、『唱歌教育論』との決定的な相違ではあるが、『手引き』には近いと言え、時代の流れのなかでの変遷によるものと言ってもよいであろう。

　その他、『ダルクローズ・ソルフェージ』ではすでにDo（ハ）調音階の練習の際にニュアンスの学習を始め、La（イ）調音階の練習の際にフレーズの練習を始めるなど、かなり早期からニュアンスとフレーズの練習を始めている点が、『唱歌教育論』と大きく異なる点である。『唱歌教育論』では、拍節の概念を導入するのが第4部の音の要素の結合の冒頭であり、ニュアンスやフレーズの概念を含む練習課題が登場するのも第4部が最初である。ただし『唱歌教育論』では、ニュアンスやフレーズの法則についての具体的な説明はなされず、楽譜に強弱記号やブレスを書き込むことによって子どもに無意識的にニュアンスやフレーズの概念を浸透させるという程度にとどまっている。しかも『ダルクローズ・ソルフェージ』では、ニュアンスの第5・第6法則という早い段階で練習が行わ

れるラレンタンドやアッチェレランドに関しては、『唱歌教育論』では「一般的音楽論」の最後のほうでその名称と意味が提示されるにとどまり、その練習はまったく行われない。すなわち、ニュアンスに関しては強弱という範囲だけで、テンポの揺れにはまったく及んでいないのである。これは、何が易しく何が難しいのかという認識の相違によるものであろう。例えば『唱歌教育論』では、ニュアンスやフレーズについては第4部の要素の統合以降にようやく現れ、それも拍節と強弱、ブレスといった程度にとどまっている。これは『唱歌教育論』が、学校における一斉教授を念頭に書かれたものであるということが大いに影響していると思われる。それを裏づけるものとして、『唱歌教育論』の続編とも言える『合唱教本』のなかで次のように述べられた箇所がある。

> ラレンタンドやアッチェレランドは、大人数が一緒に合わせて正確に歌うのは難しいが、激情や沸き立つ喜びを表現する際に有効であるのでその演奏技術は合唱でもかなりの程度、獲得されなければならない。[9]

要するに、ラレンタンドやアッチェレランドという感覚的なテンポの揺れは、大人数が一緒に合わせて正確に歌うのは難しいので、特に初歩の段階での一斉教授では扱わず、基礎課程終了後の合唱の練習の際に身につけられるべき演奏技術であるとネーゲリが考えていたとみなしてよいであろう。また『唱歌教育論』には、より詳細な演奏技術については、大人数での初歩の教授で扱うものでなく、「ソロの歌のための理論」[10]であるとする認識もある。実際に『唱歌教育論』終了者を対象とした『独唱教本』では、演奏法について詳細に述べられる予定であった[11]。よって『唱歌教育論』はむしろ、そうした実際の合唱教育、声楽教育といった「音楽教育」の前段階としての「音そのもの」の教授、音と言葉とを結びつけた教授という段階の方法であったと言えるであろう。一方、『ダルクローズ・ソルフェージ』では、前述の通り、かなり早い段階で音階や調性の学習と並行してフレーズやニュアンスの学習をさせており、初歩の段階から、少なくとも全音と半音の区別がついた段階から、「音そのもの」の教授だけでなく、「音楽教育」も始められていたと言えるであろう。

第10章 ペスタロッチ主義の歌唱教本とダルクローズ・ソルフェージュ

　これまでの考察から多くの点で『手引き』が、『唱歌教育論』と『ダルクローズ・ソルフェージュ』との中間に位置づけられるような特徴を有していることがわかった。『手引き』は、ペスタロッチ主義の教本として原則、リズム、旋律、ディナーミクと3つの要素を分けて取り扱っているような構成になっているが、実際には、音程・音階練習にリズムや強弱等をつけて練習させている点で、『唱歌教育論』とはかなり異なる特徴を有し、そうした点はむしろ『ダルクローズ・ソルフェージュ』に近いという印象を受けた。これは『手引き』が、『唱歌教育論』をより実践に即すために改良したペスタロッチ主義の教本であるということに由来するものであると言えよう。

　とはいえ、3つのいずれの教本も、全音−半音の区別を音階導入の第一段階と位置づけ、音階はC-durの長音階から導入し、短調はかなり後で導入するなど、現在のソルフェージュの実践でも広く行われている練習方法とほぼ同様の共通の傾向もみられた。このことから、ペスタロッチ主義音楽教育の成立からダルクローズ・ソルフェージュまで約100年、そこから現在まで約100年と相当な年月を経ても、音楽基礎教育、ソルフェージュ実践の基本的な方法の枠組みは生き続けていると言ってよいであろう。また、ペスタロッチ主義のような一般教育であれ、ダルクローズ・ソルフェージュのような専門教育であれ、調性音楽を前提とするという最も根本的な部分が共通していれば、音程と音階の導入とその練習方法という、ソルフェージュのいわば第一歩にあたる段階においては、それほど大きな相違がないということも明らかになったと言えよう。

第4節　ダルクローズ・ソルフェージュの理念とペスタロッチ主義音楽教育の理念

　では、ダルクローズ・ソルフェージュとペスタロッチ主義音楽教育とは、理念の上ではどのような関係にあるのであろうか。
　ジャック＝ダルクローズが、『ダルクローズ・ソルフェージュ』第Ⅰ巻冒頭の「総論」において、「教師が最初に配慮すべきことは、全音と半音の相違を、生徒によくわからせることである」と述べているのは前述の通りであるが、それに続

けて彼は、次のように述べている。

> …（前略）…歌ったり、聴いたりするとき、生徒がためらって、その相違 [全音と半音の相違――引用者] を理解しないときは、他の課題に進むことは問題である。…（中略）…しかるに、声楽とか器楽の教師で、十分の九までが、生徒に、この二つの自然的要素（全音と半音）を完全に会得させる前に、音階の研究を始めているということが明らかにいえる。そのような状態では、決して、生徒は音階を知ることもなく、音楽を解ることもできないであろう。[12]

音階の基礎であり、その構成要素である全音と半音の相違を生徒達がきちんと理解しないうちは他の課題に進んではいけないと述べているのであり、これはまさに、最も単純な要素から出発して一つの課題を完全に会得するまで次の課題に進んではならないとするペスタロッチ主義の考え方を踏襲したものであると言える。さらにジャック＝ダルクローズは、続けて次のようにも述べている。

> 音楽教育のメトードは、演奏することと同程度に《聴音》の上に基礎づけられるべきである。そして、もし生徒の聴音能力が、まだ初歩の段階であれば、音楽理論の勉強を始める前に、その能力を伸ばすよう努めるべきである。…（中略）…聴音練習では、生徒に音を通じて思考力を働かせるよう仕向けなくてはならない。[13]

プファイファー / ネーゲリの『唱歌教育論』には、記譜法が第 5 部として独立して取り上げられ、かなり詳細に音楽書き取りについて記述されている。しかしそれ以前に、リズムと旋律の最初の練習においても、『唱歌教育論』では音楽に関する理論的な事柄を教えるよりも前に、まずは教師が音の長さや高さを違えて歌い、それを子ども達が聴いて繰り返し歌うことにより、リズムや音高という概念を子どもの感覚に直観させるという方法を採っている。

ペスタロッチ主義の歌唱教本とダルクローズ・ソルフェージュ

第10章

　最も基本的な全音－半音の区別から出発し、音楽理論よりもまず聴くことから始めるべきとするダルクローズ・ソルフェージュの理念は、易しいものから徐々に難しいものへ、直観から概念へというペスタロッチ主義の理念と合致するものであると言えよう。

　以上のことから明らかな通り、ダルクローズ・ソルフェージュとペスタロッチ主義音楽教育とは、その方法の具体的な点では時代の相違、難易度の認識の違いなどで数々の相違点がみられるが、その根本的な理念の上では、きわめて重要な点で共通性が認められると言ってよいであろう。

第5節　ペスタロッチ主義の教本とダルクローズ・ソルフェージュの「教材性」

1．ペスタロッチ主義の教本の「教材性」

　ここまでの検討において筆者は、『ダルクローズ・ソルフェージュ』と『唱歌教育論』、『手引き』という2つのペスタロッチ主義の教本の基礎練習の方法を具体的に比較検討し、それらの間にかなりの類似性が認められることを指摘してきた。だがそこでは、音程や音階等の具体的な練習方法の比較検討にとどまり、これらの教本の性質にまでは言及しなかった。つまり、これらの教本が理論に重きを置いたものか、教材重視かまでは十分に検討してこなかったのである[14]。よってここでは、これまで行ってきた2つのペスタロッチ主義の教本と『ダルクローズ・ソルフェージュ』との比較検討を踏まえ、両者の「教材性」という視点から、新たな比較検討を試みたい。

　まずは、ペスタロッチ主義の教本を代表する『唱歌教育論』の「教材性」について検討したい。

　『唱歌教育論』については、本書でもすでにたびたびその全体構成と概要、特徴について述べてきたが、この教本では、音楽をリュトミーク、メローディク、ディナーミクの3要素に還元し、まず別々に、最も単純なものから徐々に難しいものへと学習の項目が配列され、それぞれの学習項目ごとに短い練習課題が出されている（説明だけで練習課題のないところもある）。音と言葉を結びつけ

第3部　ペスタロッチ主義のジャック=ダルクローズへの影響

た練習でも、まず音高と母音、子音を結びつけた練習から始め、それらの要素を徹底して練習した後でようやく、各要素を結びつける。

　このような性質から『唱歌教育論』は、"Lehre"（＝理論）というそのタイトルの通り、教材というよりも音楽の学習項目をペスタロッチの直観教授法、段階教授法などのメトーデにしたがって配列し、まとめ上げたいわば音楽の教育理論書であると言えよう[15]。

　『唱歌教育論』の出版直後にその影響を受けてドイツで次々出された歌唱教本の代表とも言えるナトルプの『手引き』も、『唱歌教育論』と同様に音楽の要素をリュトミーク、メローディク、ディナーミクの3つとみなし、まずリズムの練習から、続いて旋律、ディナーミクの練習へと進めている。しかし『唱歌教育論』との決定的な相違は、個々の要素を別々に練習させるのではなく、既習の事柄に新しい要素を加えていくという練習方法を採っていることである。したがってすぐに、簡単な歌は歌えるようになる[16]。

　『手引き』の出版は、ドイツの他の教育家達にも大きな刺激を与え、コッホ（Johann Friedrich Wilhelm Koch）の『唱歌論』（Gesanglehre）をはじめ、多くのペスタロッチ主義の歌唱教本が出されている。それらの教本は、いずれもナトルプの『手引き』と同様、個々の要素を別々に練習させるのではなく、既習の事柄に新しい要素を加えていくという練習方法を採っている。したがって、簡単な歌はすぐに歌えるようになり、コラールのような歌もたくさん掲載されている。よって、このような性質からドイツで出されたペスタロッチ主義の歌唱教本は、ペスタロッチ主義という理論に教材的な要素を加えたものであると言えよう。

　『唱歌教育論』がペスタロッチ主義音楽教育の理論書であるとすれば、その理論にしたがって、易しいものから難しいものへと唱歌を配列したものが、1830年代のカントン・チューリッヒの教育改革の際にネーゲリが作成した『学校唱歌集』である。これは6巻構成で、チューリッヒを中心にドイツ語圏スイスのいくつかのカントンで必修教材として採用されたものである[17]。1年間で2巻ずつ3年間使うもので、いわば「教科書」であり、まさに教材そのものと言える。この『学校唱歌集』について長谷川博史は、「この曲集［『学校唱歌集』——引用者］は、一定の目的のために体系的に選択・配列された文化素材、という意味での

第10章 ペスタロッチ主義の歌唱教本とダルクローズ・ソルフェージュ

近代的「教材」の最初期のものといえよう」[18]と評している。

近代以前の歌唱教材は、いわゆるコラール集であり、教育的な観点から体系的に配列されたものではなかった。それに対して『学校唱歌集』は、易しいものから難しいものへと唱歌が配列され、3年間という学校のカリキュラムのなかで使うものである。今日の小学校における歌唱教材の配列なども、1年よりは2年、2年よりは3年のほうが当然、難易度が上がっており、『学校唱歌集』は、いわばそうした教科書のあり方を最も早い段階で示したものの一つと言えよう。

2.『ダルクローズ・ソルフェージュ』の「教材性」

ここまで、『唱歌教育論』、『手引き』に代表されるドイツのペスタロッチ主義の教本、『学校唱歌集』を取り上げ、その「教材性」について考察してきた。では、『ダルクローズ・ソルフェージュ』は教材と言えるのであろうか。

『唱歌教育論』と『ダルクローズ・ソルフェージュ』との類似性については、すでに指摘した通りであるが、『唱歌教育論』と『ダルクローズ・ソルフェージュ』とを「教材性」という観点で比較すれば、そこには大きな相違が見出せる。

例えば、音階については『ダルクローズ・ソルフェージュ』では、『唱歌教育論』のようにまずテトラコードを導入することはなく、全音・半音の区別がついた後はすぐに長音階を C-dur で解説し、歌わせる。『唱歌教育論』では、音程のところでは音程だけの練習にとどまるが、『ダルクローズ・ソルフェージュ』では、長音階を導入すると直ちにその長音階にリズムをつけ、さらにニュアンスまでつけた練習をさせ、すぐにさまざまなリズムを持ち、強弱、ニュアンスもつけた 12〜20 小節程度の旋律の練習をさせている。その後、嬰種音階、変種音階へと進み、さまざまなニュアンス、フレーズの法則を導入し、既習の事項に新しいことを結びつけ、徐々に難易度を上げていくのである。その形態は、プファイファー/ネーゲリの『唱歌教育論』よりも、どちらかと言えば『手引き』など、ドイツで出されたペスタロッチ主義の歌唱教本の形態に似ている。ただ、『ダルクローズ・ソルフェージュ』のほうが、ドイツのペスタロッチ主義の歌唱教本よりも理論と練習曲との割合では、練習曲の比率のほうが大きい。また、その練習曲にニュアンスやフレーズといったより詳細な演奏法に関わる要素も加わ

っているので、いっそう教材的な傾向が強いと言える。

　したがって『ダルクローズ・ソルフェージ』は、ネーゲリの『学校唱歌集』のような完全な教材ではなく、理論的な要素もあるが、以上のことから教材とみなしても差し支えないと思われる。

3. ペスタロッチ主義の歌唱教本と『ダルクローズ・ソルフェージ』との関係

　以上、これまで「教材性」という視点からペスタロッチ主義の歌唱教本や唱歌集、『ダルクローズ・ソルフェージ』について検討してきた。それぞれ理論的傾向が強いか教材的傾向が強いか、その性質を大まかに図示すると次のようになるであろう。

図10-1 ▶ ペスタロッチ主義の歌唱教本と『ダルクローズ・ソルフェージ』の「教材性」の関係

　すなわち、『唱歌教育論』はきわめて理論的傾向が強いが若干、練習曲も含まれる。ナトルプの『手引き』に代表されるドイツの教本は、簡単なコラール等も含まれるので『唱歌教育論』よりは教材的傾向が強いが、『唱歌教育論』の理論を基礎にした構成であるため、理論と教材との中間的なものと言える。それに対して『ダルクローズ・ソルフェージ』は、練習曲を中心に構成されているが、そこに理論的な説明も加えられている。一方の『学校唱歌集』には一切、理論的な説明は加えられておらず、純粋な教材と言えるのである。

　『唱歌教育論』のように、リズムのセクションではリズムだけ、音程のところでは音程だけというように音楽の構成要素を別々に扱うのではなく、既習の事

ペスタロッチ主義の歌唱教本とダルクローズ・ソルフェージュ　第10章

項に新しい要素を結びつけ、それまで習ったことだけで歌える簡単な歌をすぐに歌わせながら、徐々に難易度を上げていくというドイツで出版されたペスタロッチ主義の歌唱教本の特徴は、その後の教則本、教科書に受け継がれていく。

　そしてそれはドイツだけでなく、スイスでも同様である。第2部第8章で分析した通り、スイスではネーゲリ以降、19世紀中期に彼の後継者とされるヴェーバーがドイツ語圏スイスで改革を行ったが、彼の方法には、ネーゲリの影響とともに、ドイツのナトルプの影響も強く感じられ、やはり既習の事項に新しい要素を結びつけ、それまで習ったことだけで歌える簡単な歌をすぐに歌わせ、難易度を上げていくという方法が採られていることが明らかになった。

　既習の事項に新しいことを結びつけ、徐々に難易度を上げていくという形態は、『ダルクローズ・ソルフェージ』にもみられるものである。したがって『ダルクローズ・ソルフェージ』は、もちろんジャック＝ダルクローズ自身が、自らの理論にしたがって作成したものであるが、その教材の形態においては、ドイツのペスタロッチ主義の歌唱教本やスイスのヴェーバーらの教本との類似性を指摘することができるであろう。

　このような既習の事項に新しい要素を加えていくという練習方法は、音楽の基礎練習の一つの典型として19世紀以降、普及・定着していく。そうした時代の流れのなかに『ダルクローズ・ソルフェージ』もあったと言えるであろう。

註

1) 「教材性」という用語は定着しているわけではないが、教則本や教本がどれくらい教材としての性質を持つのかを意味する用語としてここでは用いる。
2) Boepple, Paul. *Ziele des Schulgesanges vor hundert Jahren und heute: Hans Georg Nägeli-Emil Jaques Dalcroze,* Basel: Buchdruckerei Kreis & Co., 1913.
3) Ebenda., S.3.
4) ジャック＝ダルクローズ『ダルクローズ・ソルフェージ』板野平・岡本仁訳、第Ⅰ巻、国立音楽大学出版部、1967年、1頁。
5) Natorp, a.a.O., 1.Bd., S.38.
6) Pfeiffer & Nägeli, *Gesangbildungslehre*, S.246-247.

7) ジャック＝ダルクローズ、前掲書、12 頁。
8) Nägeli, "Die Pestalozzische...", Sp.804.
9) Pfeiffer & Nägeli, *Chorgesangschule*, S.27.
10) Pfeiffer & Nägeli, *Gesangbildungslehre*, S.118.
11) しかし、この『独唱教本』は結局、未完に終わって刊行されなかったことは、前述の通りである。
12) ジャック＝ダルクローズ、前掲書、1 頁。
13) 同上。
14) ただ、十分な検討ではなかったとはいえ、ペスタロッチ主義の歌唱教本や唱歌集と『ダルクローズ・ソルフェージ』が、理論的な傾向が強いのか、教材的な傾向が強いのかといった視点からの比較検討は、2003 年の日本ダルクローズ音楽教育学会例会（於：東京教育専門学校）でのパネル・ディスカッション「リトミック教育における教材について」において筆者が、パネラーの一人として行ったことがある。本節では、そのときの内容を基礎に大幅な加筆・修正を加えている。
15) ただし、この『唱歌教育論』には付録の唱歌集がついている。それはもちろん純粋な教材であるが、ここでは『唱歌教育論』本体そのもののだけを検討の対象とした。
16) ナトルプの『手引き』について筆者は、以下の拙稿にてネーゲリ/プファイファーの『唱歌教育論』との比較検討を視点として、その内容と特徴について詳論している。
関口博子「B.C.L. ナトルプの唱歌教育論とその方法——ペスタロッチ主義という視点から——」『音楽教育研究ジャーナル』（東京芸術大学音楽教育研究室）、2005 年、1-15 頁。
17) ネーゲリの『学校唱歌集』の内容分析と、それがカントン・チューリッヒの教育改革において学校に必修教材として導入されていく具体的な経緯については、以下の拙稿を参照されたい。　関口、前掲論文、1999 年。
18) 長谷川博史「19 世紀前期ドイツの音楽教育状況——音楽における市民教育と民衆教育（3）」『聖徳学園短期大学紀要』第 19 号、1986 年、261 頁。

おわりに

　本書は、筆者の前著『近代ドイツ語圏の学校音楽教育と合唱運動――19世紀前半のスイスにおけるH.G.ネーゲリの思想とその活動を中心として――』(風間書房、2007年) の出版以降、今日に至るまでの約10年間の研究成果をまとめたものである。なお、前著は、2004年に大阪芸術大学において学位を取得した博士論文「19世紀前半のドイツ語圏における学校音楽教育の改革と合唱運動――スイスにおけるH.G.ネーゲリの思想とその活動を中心として――」の内容に基づいており、そこにおいて19世紀前半のドイツ語圏におけるペスタロッチ主義による学校音楽教育の改革と合唱運動との関係について、両者をともに牽引したネーゲリの思想とその活動を中心に考察してきた。

　学位の取得から今日に至るこの10年間には、平成20～24年度の5年間にわたり、「近代ドイツ語圏における学校音楽教育と社会における音楽活動」という研究課題で科学研究費補助金（基盤研究（C））の助成を受けている。本書には、博士論文執筆後から科学研究費補助金による5年間の助成研究、そしてその後の最近の研究成果が収められている。よって本書は、博士論文執筆以降の10年余りの間に学会誌や紀要等に発表した13本の論文を基礎にしている。なお、本書をまとめるにあたり、初出の論文からは大幅な加筆・修正を行っている。また、「序　本研究の課題と方法」および「おわりに」は書き下ろしである。

　以下に、初出の論文が本書の主にどの章に対応しているかを示す。

第1部

第1章　「18世紀後半のドイツにおける子どもの歌の創始――J.A.ヒラー『子どものための歌曲集』(1769)の分析を通して――」『幼児教育史研究』(幼児教育史学会) 第9号、2014年、17-32頁。

第2章　「J.A.P.シュルツ『民謡調の歌曲集』の特徴――18世紀後半のドイツにおける民衆啓蒙と音楽教育との関わりを視点として――」『新　モー

ツァルティアーナ──海老澤敏先生傘寿記念論文集──』2011 年、614-624 頁。

第 3 章　「18 世紀後半のドイツ語圏における民衆の歌唱活動にみる愛国運動の萌芽──ラヴァター／シュミットリン『スイスの歌』(1769) に着目して──」『長野県短期大学紀要』第 59 号、2004 年、55-65 頁。

第 4 章　「近代ヨーロッパにおける音楽思想の変遷──音楽と心との関係に焦点を当てて──」『長野県短期大学紀要』第 58 号、2003 年、43-51 頁。
「教育思想にみる『総合』の概念──近代ドイツ語圏の思想家・教育家達の著作の検討を通して──」『日本の音楽教育学の再構築に関する基礎的研究』(科学研究費補助金報告書)、2006 年、119-128 頁。

第 2 部

第 5 章　「19 世紀前期ドイツ語圏における合唱運動の興隆──C.F. ツェルターの活動を中心として──」『同朋論叢』(同朋大学) 第 96 号、2013 年、1-14 頁。

第 6 章　「H.G. ネーゲリの教育改革構想──ペスタロッチ主義との関連性を視点として──」『音楽教育史研究』(音楽教育史学会) 第 13 号、2011 年、27-38 頁。

第 7 章　「19 世紀前期ドイツ語圏スイスにおける学校音楽教育の改革と合唱運動──H.G. ネーゲリの思想とその活動の歴史的意義──」『音楽教育学』(日本音楽教育学会) 第 36 巻第 2 号、2006 年、12-22 頁。

第 8 章　「J.R. ヴェーバーの唱歌教育改革論とその方法 ──ペスタロッチ主義との関連性を視点として──」『関西楽理研究』(関西楽理研究会) XXXⅢ号、2016 年、1-14 頁。

第 3 部

第 9 章　「リトミックの理念──リズムの根本思想──」『リトミック教育研究──理論と実践の調和を目指して──日本ダルクローズ音楽教育学会創立 35 周年記念論集』2015 年、113-121 頁。

第 10 章　「ダルクローズ・ソルフェージュとペスタロッチ主義音楽教育」『リトミック研究の現在──日本ダルクローズ音楽教育学会創立 30 周年記念

おわりに

論集』2003 年、40-49 頁。
「ダルクローズ・ソルフェージュにおける音程・音階の導入とその練習方法——ペスタロッチ主義の方法との比較検討を視点として——」『リトミック実践の現在——日本ダルクローズ音楽教育学会創立 35 周年記念論文集』2008 年、121-128 頁。
「ペスタロッチ主義の歌唱教本とダルクローズ・ソルフェージュ——「教材性」という視点から——」『同朋福祉』(同朋大学社会福祉学部) 第 16 号(通巻 38 号)、2010 年、157-166 頁。

 このように、毎年、1～2 本の学会誌や紀要等への論文発表、そして毎年、1～2 回の学会での口頭発表等の成果発表を行い、ここに本書としてまとめることができた。本研究を進めるにあたっては、学会発表や論文執筆の折などに多くの先生方に貴重なご助言を賜った。また、資料収集に当たっては、国内外の多くの図書館、資料館等にお世話になった。ここに記して謝意を表したい。
 本書では、18 世紀後半の音楽教育と民衆の歌唱活動から 19 世紀前半の学校音楽教育の改革と合唱運動の興隆、そして 20 世紀初頭のジャック＝ダルクローズへのペスタロッチ主義の影響まで、すなわち近代の萌芽期から現代へと至る時期まで、幅広い年代のスイスならびにドイツにおける音楽基礎教育と社会における民衆の歌唱活動という大きなテーマを設定した。しかし、本研究に割ける時間には限りがあり、結果的に各年代やそれぞれのテーマについては、1 本ないし 2 本の教本や歌曲集の分析、1 人ないし 2 人程度の人物の活動に焦点を当てた検討にとどまらざるを得なかった。それが、本研究の反省点である。つまり本研究では、18 世紀後半の音楽教育と社会における音楽活動にはヒラーとシュルツの歌曲集の分析、19 世紀の学校音楽教育の改革はネーゲリの改革構想とヴェーバーの方法論、合唱運動についてはツェルターとネーゲリの活動、ジャック＝ダルクローズへのペスタロッチ主義の影響については、ネーゲリやペスタロッチの思想のジャック＝ダルクローズへの影響、『唱歌教育論』やナトルプの『手引き』と『ダルクローズ・ソルフェージ』との比較検討などにとどまっている。当然のことながら、18 世紀後半には、他にもライヒャルトをはじめと

して多くの音楽家達による教本や歌曲集が出され、19世紀の音楽基礎教育や歌唱活動に貢献した人物は、ネーゲリやナトルプ、ツェルター以外にも多数いる。

　今後は、今回の研究において扱えなかった人物や教本、歌曲集、合唱曲などの分析を進め、さらに広い視野から近代のスイス・ドイツの音楽基礎教育と歌唱活動についての研究を続けたい。

　本書の刊行に際しては、筆者の勤務先の京都女子大学より、平成28年度出版助成（経費の一部助成）をいただくことができた。学術書の出版がなかなか難しい状況において、出版経費の一部を補助していただけたことは、大変ありがたいことである。ここに謝意を表したい。最後になったが、本書を出版していただいた現代図書、そして担当の野下弘子様には、出版助成への申請段階での見積書の作成から実際の編集作業、出版に至るまで、いろいろと大変お世話になった。心より御礼申し上げる。

　　2016年12月

　　　　　　　　　　　　　　　　　　　　　　　　　　　関口　博子

索　引

人名索引

【あ】

アーベル＝シュトルート（Sigrid Abel-Struth, 1924-1987）　105

アリストテレス（Aristoteles, B.C.384-322）　140

アルント（Ernst Moritz Arndt）　86

板野平　151

ヴァイセ（Christian Felix Weiße, 1726-1804）　20

ヴァルダー（Johann Jakob Walder, 1750-1817）　48, 124

ヴェーバー（Karl Maria von Weber, 1786-1826）　82

ヴェーバー（Heinrich Weber）　119

ヴェーバー（Johann Rudorf Weber, 1819-1875）　3, 99, 119, 120, 121, 122, 123, 124, 125, 126, 127, 128, 129, 131, 132, 169, 172, 173

エグリ（Johann Heinrich Egli）　48

エルク（Ludwig Erk）　86

岡本仁　151

【か】

河口眞朱美　139

河口道朗　4, 105, 139, 143, 147

キューブラー（G.F. Kübler）　63

クラウディウス（Matthias Claudius, 1740-1815）　36

グレル（Otto Grell）　80

桑原武夫（1904-1988）　58

ケルナー（Theodor Körner, 1791-1813）　82

ゴセック（François Joseph Gossec, 1734-1829）　51

コッホ（Johann Friedrich Wilhelm Koch）　166

【さ】

阪井葉子　4

シェール（Ignaz Thomas Scherr, 1801-1870）　97, 121, 122

シプケ（Max Schipke）　99, 105, 111, 119

ジャック＝ダルクローズ（Emile Jaques-Dalcroze, 1865-1950）　1, 3, 139, 140, 142, 143, 144, 146, 147, 148, 151, 152, 153, 158, 163, 164, 169, 173

シャットナー（Hermann Joseph Schattner）　89

シューネマン（Georg Schünemann, 1884-1945）　62, 105

シュトルベルク（Fr.L.Graf zu Stolberg）　36

シュピタ（Spitta）　105

シュミットリン（Johannes Schmidlin, 1722-1772）　2, 47, 48, 50, 52, 61, 172

シュルツ（Johann Abraham Peter Schulz, 1747-1800）　2, 10, 13, 22, 23, 31, 32, 33, 37, 38, 39, 48, 52, 171, 173

ジョスカン・デ・プレ（Josquin de Près,

175

1450?-1521) 123

シラー（Johann Christoph Friedrich von Schiller, 1759-1805） 2, 55, 70, 71, 72

ジルヒャー（Phillipp Fridrich Silcher, 1789-1860） 122

スカルラッティ（Affendro Scarlatti, 1685-1757） 123

【た】

ツェルター（Carl Friedrich Zelter, 1758-1832） 2, 77, 79, 80, 81, 82, 83, 84, 87, 172, 174

【な】

ナトルプ（Bernhard Christoph Ludwig Natorp, 1774-1846） 13, 55, 62, 63, 121, 132, 151, 153, 155, 158, 166, 168, 169, 173, 174

ナポレオン（Napoléon Bonaparte, 1769-1821） 51, 83, 84

ネーゲリ（Hans Georg Nägeli, 1773-1836） 2, 3, 22, 23, 39, 51, 55, 62, 63, 64, 65, 67, 68, 69, 70, 71, 77, 82, 83, 84, 87, 89, 90, 91, 92, 93, 94, 95, 96, 97, 99, 100, 105, 106, 107, 108, 109, 110, 111, 112, 113, 114, 115, 119, 120, 121, 123, 124, 125, 126, 127, 131, 140, 141, 142, 143, 144, 148, 151, 152, 158, 159, 160, 164, 166, 167, 168, 169, 171, 172, 173, 174

ノルテ（Eckhard Nolte） 72, 142

【は】

ハイドン（Franz Joseph Haydn, 1732-1809） 51, 79, 123

ハインリッヒ・フォン・ブリュール（Heinrich von Brühl） 14

長谷川博史 166

ハッサン（Ismail Izzet Hassan） 65, 89

バッハ（Johann Sebastian Bach, 1685-1752） 79, 108, 109, 123

パレストリーナ（Palästrina, 1534-1594） 123

ピールジッヒ（Fritz Piersig） 77

ヒーンチュ（J.G. Hientsch） 63

ビューヒャー（Karl Bücher, 1847-1930） 144

ビュルガー（Gottfried August Bürger, 1747-1794） 35

ヒラー（Johann Adam Hiller, 1728-1804） 1, 10, 11, 13, 14, 15, 16, 19, 22, 23, 33, 38, 48, 78, 124, 171, 173

ヒルツェル（Konrad Melchior Hirzel, 1793-1843） 93

ファッシュ（Carl Christian Friedrich Fasch, 1736-1800） 79

フィヒテ（Johann Gottlieb Fichte, 1762-1814） 84

フォス（Johann Heinrich Voß, 1751-1826） 35

プファイファー（Michael Traugott Pfeiffer, 1771-1849） 3, 62, 64, 70, 90, 120, 121, 124, 151, 164, 167

プラトン（Platon, B.C.427-347） 140

ブルスニアク（F. Brusniak） 4

フレーベル（Friedrich Wilhelm August Fröbel, 1782-1852） 14, 60

フレッヒ（Frech）　122
ベートーヴェン（Ludwig van Beethoven, 1770
　　　-1827）　22, 123
ペスタロッチ（Johann Heinrich Pestalozzi,
　　　1746-1827）　2, 3, 14, 52, 53, 55,
　　　61, 62, 63, 64, 65, 66, 69, 70, 71, 72,
　　　89, 90, 91, 93, 94, 95, 96, 98, 99,
　　　122, 123, 139, 144, 146, 148, 151,
　　　166, 173
ベップレ（Paul Boepple）　152
ヘルダー（Johann Gottfried von Herder, 1744-
　　　1803）　9, 10, 31, 32, 60, 67
ヘンデル（Georg Friedrich Händel, 1684-1759）
　　　51, 108, 109, 123
ホルスティヒ（Horstig）　79

【ま】
松本彰　4
ミヒャエリス（C.F. Michaelis）　59
メーソン（Lowell Mason, 1792-1872）　63
メユール（Étienne-Nicolas Mèhul, 1763-1817）
　　　51
メンデルスゾーン（Jakob Ludwig Felix
　　　Mendelssohn Bartholdy, 1809-1847）
　　　79
モーツァルト（Wolfgang Amadè Mozart,
　　　1756-1791）　123

【ら】
ライヒャルト（Heinrich Wilheln Ludwig Gustav
　　　Reichardt, 1797-1884）　86
ライヒャルト（Johann Friedrich Reichardt,

　　　1752-1814）　10, 13, 22, 48, 173
ラヴァター（Johann Kasper Lavater）　2, 47,
　　　61, 172
リール（Rouget de L'isle, 1762-1836）　50
ルソー（Jean-Jacques Rousseau, 1712-1778）　2,
　　　11, 13, 14, 55, 56, 57, 58, 59, 60, 69

事項索引

【G】
Gymnastik　66, 141, 142

【O】
Organ（器官）　64, 65, 92, 96, 97, 141
Organisation（組織体）　64, 141
Organismus（有機体）　64, 65, 71, 92, 141, 142

【R】
Rhythmik　142

【V】
Volkslied（民謡）　9, 31
volkstümliches Lied（民謡調の歌）　31

【あ】
愛国運動　4, 53, 172
愛国的な歌　87, 111
アマチュア・オーケストラ　38
アンシャン・レジーム（Ancien Régime）　50
イヴェルドン（Yverdon）　93, 139
イエナ・アウエルシュテットの戦い（Schlacht

bei Jena und Auerstedt） 84
『一般音楽新聞』（Allgemeine musikalische Zeitung） 79, 141
『一般ドイツ学生歌集』（Allgemeines Deutsches Kommersbuch） 86
ウィーン会議（1814-1815） 84
ウィーン体制 83, 84, 110, 111
ヴィルヘルム・テル（Wilhelm Tell） 50
ヴェツィコン（Wetzikon） 48, 121
ヴェツィコン楽派 48
ウスター（Uster） 89
ウスター請願書（Uster Memorial） 89, 94
『歌と練習』（Lieder und Übungen） 122
『エミール』（Emile ou de l'éducation, 1762） 11, 13, 55, 58, 59
『オシアンおよびいにしえの諸民族の歌についての往復書簡よりの抜粋』（Auszug aus einem Briefwechsel über Ossian und die Lieder alter Völker） 9
音の要素の教授（Bildung in den Ton-Elementen） 98
『音楽掛図』（Musikalisches Tabellenwerk） 99, 110, 112, 120, 121
音楽基礎教育 1, 3, 4, 99, 100, 110, 139, 163, 173, 174
音楽実践協会（Musikübende Gesellschaft） 78
『音楽辞典』（Dictionnaire de musique） 55
音楽の（3）要素 124, 131

【か】
解放戦争 83, 84
『歌唱フーガ教本』（Singfugenschule） 108, 109, 114
ガストターフェル（Gasttafel） 82, 84, 87
学校音楽教育の改革 1, 2, 3, 39, 55, 62, 77, 90, 99, 100, 106, 112, 113, 114, 119, 120, 122, 171, 172, 173
『学校唱歌集』（Schulgesangbuch, 1833） 99, 110, 112, 120, 121, 166, 167, 168
『学校における唱歌指導の手引き』（Anleitung zum Gesang＝Unterrichte in Schulen） 63
学校令（Schulordnung） 11
合唱運動 1, 2, 3, 4, 39, 47, 51, 52, 53, 77, 78, 105, 106, 113, 115, 171, 172, 173
『合唱教本』（Chorgesangschule, 1821） 105, 108, 109, 113, 114
合唱サークル 38, 47, 48, 51, 78
合唱祭 51, 86
合唱リート（Chorlieder） 48, 109, 114
感情能力（Gefühlsvermögen） 64, 65, 67
「完全で詳細な歌唱教本」（Die vollständige und ausführliche Gesangschule） 108, 109, 114
カントン 2, 89, 99, 120, 122, 126, 166
「カントン・チューリッヒにおける全教育制度の組織に関する法」（Gesetz über die Organisation des gesamten Unterrichtswesens im Canton Zürich, 1832）（「新教育法」） 3, 90, 97, 98, 99, 110
『カントン・チューリッヒの憲法委員会への教育請願書』（Pädagogisches Memorial der Verfassungs-

索 引

Comission des Cantons Zürich, 1831) 94
『カントン・チューリッヒの農村学校改革のための要望』（Wünsche zur Verbesserung der Landschulen des Kantons Zürich） 93
器官的な練習（die organische Übungen） 127
基礎教育 96, 97, 98
基本時（クロノス・プロトス chronos prōtos） 141
キュスナッハ（Küsnach） 121
『教育演説』（Pädagogische Rede） 91
教育改革構想 2, 89, 90, 97, 172
「教材性」 151, 165, 167, 168, 173
教師セミナー（Lehrerseminar） 121
近親調 17, 33
『近代音楽教育論成立史研究』（音楽之友社、1996 年） 4
形式の遊動 67
芸術教育 96, 98, 107, 124, 125
芸術直観（Kunstanschauung） 65
芸術の神ムーサ 140
啓蒙 2, 37, 68
啓蒙思想 9, 13, 59
「ゲッティンゲンの森の結社」（Göttinger Hainbund） 36
『ゲルトルートはいかにしてその子らを教えるか』（Wie Gertrud ihre Kinder lehrt） 91
『言語起源論』（Essai sur l'origine des langues） 55
公開コンサート 78, 86, 111

国民学校 96, 97, 98, 125, 126
心の言葉 67, 68
心のコミュニケーション 57, 60, 68, 69
古代ギリシャ 140, 142
子どもの歌 9, 10, 22, 23, 39, 171
「子どもの歌の父」（Kinderliedvater） 11
『子どものための歌曲集』（Lieder für Kinder, 1769） 1, 10, 13, 14, 15, 16, 17, 18, 22, 23, 33, 38, 171
「子どもの発見」 11
コミュニオン 58, 59, 69
コラール 9, 11, 12, 13, 18, 19, 23, 38, 97, 99, 106, 110, 112, 113, 121, 166, 168
コラール集 19, 98, 99, 167
コレギウム・ムジクム（Collegium Musicum） 78, 79

【さ】

《四季》（Die Jahreszeiten） 51
7 月革命 89, 110
実科学校（Realschule） 97
実科教育 96, 98
『社会契約論』（Du contrat social, ou principes du droit politique） 55
射撃協会 111
社交の（的な）歌 80, 81, 84
宗教教育 97, 98, 100
宗教的な歌 106
《自由の女神の歌》（Hymne à la sttue de la Libertè） 51
《出陣の歌》（Chant du dèpart） 51
唱歌教育改革論 3, 172

179

『唱歌論』（Gesanglehre） 166

情念　56, 57, 68, 69

初等学校（Elementarschule） 97

ジングシュピール（Singspiel） 10

新憲法（カントン憲法） 89, 94, 95, 96, 110

神聖ローマ帝国　83

『スイスの歌』（Die Schweizerlieder, 1769） 2, 47, 48, 49, 50, 52, 53, 61, 172

数字譜　55, 59, 128, 158, 160

世俗歌曲・世俗的な歌　22, 50, 52, 53

『全国民学校、産業学校、ギムナジウムの制度に関する教育課題の概略』（Umriß der Erziehungsaufgabe für das gesamte Volksschul-, Industrieschul- und Gymnasialwesen, 1832） 96

「全スイス音楽協会』（Allgemeine Schweizerische Musikgesellschaft） 112

全日学校（Alltagsschule） 97

ソルフェージュ　1, 152, 153, 163

【た】

対位法的な歌　108, 109

第2のリーダーターフェル（Jüngere Liedertafel） 84

大評議会（Großer Rat） 93

他者との共立（Mitständigkeit） 68, 109, 114, 115

『ダルクローズ・ソルフェージ』　151, 152, 153, 156, 157, 158, 159, 160, 161, 162, 163, 165, 167, 168, 169, 173

ダルクローズ・ソルフェージュ　3, 163, 165, 172, 173

ダルクローズ・メソッドの体系　152, 153

段階教授（法）　61, 91, 124, 166

男声合唱運動　77, 83, 86, 87, 110, 111, 113, 114

『男声合唱のための歌唱教本』（Gesangbildungslehre für den Männerchor, 1817） 108, 111, 113, 114

『チューリッヒ歌集』（Das zürcherische Gesangbuch） 98, 99

「チューリッヒ歌唱協会」（Das zürcherische Sing- Institut） 51, 82, 110, 111, 112, 114

直観　62, 64, 65, 91, 131, 142, 165

直観教授（法）　61, 62, 64, 65, 91, 166

直観能力（Anschauungsvermögen） 64, 65, 91, 92

ディナーミク（Dynamik） 65, 106, 124, 127, 128, 129, 160, 163, 165, 166

『定本オリジナル版　リズム・音楽・教育』（2009） 3, 139, 140, 143

テトラコード　126, 129, 154, 155, 158, 159, 160, 167

《天地創造》（Die Schöpfung） 51

転調　17, 33, 156

『ドイツ国民に告ぐ』（Reden an die Deutsche Nation） 84

《ドイツ人の祖国とは》（Was ist des Deutschen Vaterland） 86

道徳的・宗教的教育　96, 97

「道徳的・宗教的な歌の暗記」（Auswendigkönnen

索　引

　　　von sittlich-relogiösen Liedern）　11,
　　　12, 106
トゥルネン協会（Turnverein）　111
『独唱教本』（Sologesangschule）　108, 109, 162
読譜練習（die Leseübungen）　127

【な】

偽ペスタロッチ主義（Pseudo-
　　　Pestalozzianismus）　91, 92
ニュアンス　156, 157, 160, 161, 162, 167
人間愛　58, 59
人間形成　123, 124, 125
人間としての自立（Selbstständigkeit）　68,
　　　109, 114, 115
人間の諸能力の調和的発達　61, 63, 64, 70
人間の相互作用　66, 68
『人間の美的教育について』（Über die
　　　ästhetische Erziehung des Menschen）
　　　70
人間の本質　92, 94
『人間不平等起源論』（Discours sur l'origine et
　　　les fondements de l'inégalité parmi
　　　les hommes）　55, 58
ノイホーフ（Neuhof）　52
『農村学校と下級都市学校の教師に対する指
　　　令』（Anweisung für die Schullehrer
　　　in den Land- und niederen
　　　Stadtschulen）　11

【は】

ハーモニー　66, 109
バッハ復興運動　79, 105

汎愛派（Philanthropinismus）　23, 38
反ペスタロッチ主義（Anti-Pestalozzianismus）
　　　91, 92
必修教材（obligatorisches Lehrmittel）　99, 110,
　　　120, 121, 166
美的教育論　70, 72
フィグラール唱歌（Figralgesang）　98, 99
《復活と昇天》（Die Auferstehung und
　　　Himmelfahrt）　79
フランス革命　47, 50, 51, 52, 55, 59, 84, 89
ブルクドルフ（Burgdorf）　52
ブルシェンシャフト（Burschenschaft）の運動
　　　（＝学生運動）　84
フレーズ　157, 160, 161, 162, 167
ペスタロッチ主義　1, 2, 3, 39, 55, 62, 63, 64,
　　　70, 77, 90, 91, 94, 99, 100, 105, 110,
　　　112, 113, 114, 119, 120, 126, 128,
　　　132, 139, 143, 148, 151, 153, 157,
　　　159, 161, 163, 164, 165, 166, 167,
　　　168, 169, 171, 172, 173
ペスタロッチ主義音楽教育　3, 4, 121, 151,
　　　163, 165, 166
ペスタロッチ主義者　91, 93, 100
『ペスタロッチの原理による唱歌教育
　　　論』（Gesangbildungslehre nach
　　　Pestalozzischen Grundsätzen, 1810）
　　　（『唱歌教育論』）　3, 62, 64, 65, 70,
　　　90, 105, 106, 107, 108, 109, 111,
　　　112, 114, 120, 121, 123, 124, 128,
　　　129, 130, 132, 142, 151, 152, 153,
　　　154, 155, 158, 159, 160, 161, 162,
　　　163, 164, 165, 166, 167, 168, 173

「ヘルヴェティア協会」（Die Helvetische Gesellschaft）52
ヘルヴェティア共和国（Die Helvetische Republik）89
ベルリン・ジングアカデミー（Singakademie zu Berlin）（ジングアカデミー）51, 79, 80
ベルリン・リート楽派 37
方法論者 105, 114, 125
『ボストン音楽アカデミー手引書』（Manual of the Boston Academy of Music）63
ホモフォニック 109
ポリフォニー 114, 115

【ま】
《マタイ受難曲》（Matthäus-Passion）79
ミューズの技芸（Musenkunst）66
ミュンヘンブクゼー（Münchenbuchsee）122
『ミルトハイム歌曲集』（Mildheimisches Lieder-Buch）23, 38
民衆学校（Volksschule）13, 23, 39
『民衆学校教師のための唱歌指導の手引き』（Anleitung zur Unterweisung im Singen für Lehrer in Volksschulen, 1813/18）（『手引き』）63, 121, 132, 151, 153, 155, 156, 158, 159, 160, 161, 163, 166, 167, 168, 173
民衆教育 82, 83, 95, 113, 123, 124
民衆啓蒙 4, 10, 31, 37, 171
民衆全体の共有財産（Gemeingut）82, 83
民衆の歌唱活動 2, 4, 47, 52, 53, 173
民謡 10, 16, 22, 23, 32, 37, 38, 47, 48

民謡運動 9, 10
民謡調の歌（volkstümliches Lied）9, 32, 38, 39
『民謡調の歌曲集』（Lieder im Volkston, 1782/85/90）2, 10, 22, 31, 32, 33, 35, 37, 38, 39, 48, 52, 171
民謡論 10, 31
《メサイア》（Messiah）51, 108
メトーデ 61, 62, 166
メローディク（Melodik）124, 152, 153, 155, 156, 158, 165, 166
問答教授 129

【や】
有節歌曲 16, 33
『幼児教育の書簡』（Letters on early education）62

【ら】
ライン同盟 84
《ラ・マルセイエーズ》（La Marseillaise）50, 51
「ランツゲマインデ」（Landsgemeinde）47
リーダークランツ（Liederkranz）83, 84, 87
リーダーターフェル（Liedertafel）80, 82, 83, 84, 86, 87
『リーンハルトとゲルトルート』（Lienhard und Gertrud, 1781-1787）144, 146
リズム運動 152
『リズム・音楽・教育』142, 143, 148
リズム法 140, 142
リズム論 139, 140, 142, 143, 148, 151

《理性の讃歌》(Hymne à la Raison) 51
リトミック 139, 140, 142, 147, 148, 172, 173
リュトミーク (Rhythmik) 124, 142, 152, 165, 166
『理論的実践的唱歌論』(Theoretisch-praktische Gesanglehre, 1849) 3, 120, 122, 126, 127, 130, 131
ルントゲザング (Rundgesang) 48, 109, 114, 115
労働歌 (Arbeitslied) 144, 146
『労働とリズム』(Arbeit und Rhythmus, 1896) 144

【わ】
わらべうた 9, 10

■著者略歴

関口　博子（せきぐち　ひろこ）
- 1989 年　国立音楽大学音楽学部教育音楽学科教育音楽専攻第Ⅰ類卒業
- 1991 年　国立音楽大学大学院音楽研究科（修士課程）音楽教育学専攻修了
- 1992 年　チューリッヒ大学（スイス）に留学（1992 〜 93 年度ロータリー財団奨学生）
- 1998 年　東京学芸大学大学院連合学校教育学研究科（博士課程）学校教育学専攻教育構造論講座入学（2002 年　単位修得満期退学）
- 2000 年　長野県短期大学幼児教育学科助手（〜 2005 年）
- 2004 年　学位取得　博士（芸術文化学）・大阪芸術大学
- 2005 年　同朋大学社会福祉学部助教授・准教授（〜 2012 年）
- 2012 年　同朋大学社会福祉学部・大学院人間福祉研究科教授（〜 2014 年）
- 2014 年　神戸女子大学文学部教授（〜 2015 年）
- 2015 年　京都女子大学発達教育学部教授（現在に至る）

主な著書
『ペスタロッチと音楽教育──そのゆかりの地を訪ねて──』（民衆社、1997 年）
『近代ドイツ語圏の学校音楽教育と合唱運動──19 世紀前半のスイスにおける H.G. ネーゲリの思想とその活動を中心として──』（風間書房、2007 年）
その他、共著書、論文多数。

＊本書は、平成 28 年度京都女子大学出版助成（経費の一部助成）を受けて出版されたものである。

近代スイス・ドイツの音楽基礎教育と歌唱活動

2017 年 2 月 13 日　第 1 刷発行

著　者　関口　博子　　©Hiroko Sekiguchi, 2017
発行者　池上　淳
発行所　株式会社　現代図書
　　　　〒 252-0333　神奈川県相模原市南区東大沼 2-21-4
　　　　TEL　042-765-6462（代）　　FAX　042-701-8612
　　　　振替口座　00200-4-5262　　ISBN　978-4-434-22490-4
　　　　URL　http://www.gendaitosho.co.jp　E-mail　info@gendaitosho.co.jp
発売元　株式会社　星雲社
　　　　〒 112-0005　東京都文京区水道 1-3-30
　　　　TEL　03-3868-3275（代）　　FAX　03-3868-6588
印刷・製本　モリモト印刷株式会社

落丁・乱丁本はお取り替えいたします。　　　　　　　　　　　　Printed in Japan
本書の内容の一部あるいは全部を無断で複写複製（コピー）することは法律で認められた場合を除き、著作者および出版社の権利の侵害となります。